Benischek / Summer / Zeindl-Steiner

2. Klasse Volksschule

Lernen mit Teo & Tia

Einmaleins-Trainer

Das Malrechnen gezielt trainieren!

G&G

Inhalt

Eine Einmaleins-Tafel und ein 100-Punkte-Feld gibt es zum Download unter:
www.ggverlag.at/produkt-kategorie/lernhilfen

www.ggverlag.at

ISBN 978-3-7074-2439-3

In der aktuell gültigen Rechtschreibung

2. Auflage 2024

Illustrationen: Cornelia Seelmann

Printed by Brüder Glöckler, Wöllersdorf

Liebe Eltern,

die Einmaleins-Aufgaben gehören zu den zentralen Inhalten der 2. Schulstufe.

Dieses Übungsbuch geht nach dem Prinzip der Ganzheitlichkeit bei der Erarbeitung der Einmaleins-Aufgaben vor: Die Kinder sollen nicht Malreihe für Malreihe unverstanden auswendig lernen, sondern angeleitet von den Tigern Tia und Teo die Zusammenhänge zwischen den Malaufgaben kennen, verstehen und nutzen lernen. So werden zunächst die notwendigen Voraussetzungen thematisiert und das Verständnis für das Multiplizieren wird gesichert.

Ausgehend von den Königsaufgaben (Malaufgaben mit mal 1, mal 2, mal 5 und mal 10) und den Quadratzahlaufgaben (1 · 1, 2 · 2, 3 · 3, 4 · 4 ...) werden die weiteren Malaufgaben verständnisbasiert abgeleitet. Königsaufgaben und Quadratzahlaufgaben sind einfach zu merken und werden für das Lösen von schwierigen Aufgaben genutzt. Daher ist die Bearbeitung der Erarbeitungsseiten in der vorgegebenen Reihenfolge unbedingt zu empfehlen.

Das 100-Punkte-Feld (Hunderterpunktefeld) dient zur Veranschaulichung der Beziehungen der Aufgaben untereinander. In der großen bunten Einmaleins-Tafel (Seite 31) sind alle Einmaleins-Aufgaben übersichtlich dargestellt. Die schwarz-weiße Einmaleins-Tafel (Seite 11 im Lösungsheft und zum Download auf der Verlagshomepage) wird von den Kindern Schritt für Schritt bemalt und ausgefüllt. So wird der Lernfortschritt sichtbar.

Die gelernten Malaufgaben werden in Sachaufgaben zu unterschiedlichen Themenbereichen sowie im Bereich der Geometrie angewendet.

Die Aufgaben sollen weitgehend eigenständig bearbeitet werden. Die Lösungen erleichtern die Selbstkontrolle. Wenn die Aufgaben korrekt gelöst wurden, kann Ihr Kind in das vorgesehene Feld am oberen Rand der Seite einen Sticker einkleben (= Feld mit grauem Tigerkopf). Die eingeklebten Sticker dokumentieren den Lernfortschritt Ihres Kindes.

Auch bei der ganzheitlichen Methode ist das Ziel, dass die Kinder die Einmaleins-Aufgaben vollständig automatisiert beherrschen – allerdings soll es jedem Kind jederzeit möglich sein, eine vergessene Malaufgabe durch geschickte Strategien selbstständig herzuleiten.

Wir wünschen viel Freude beim Verstehen, Üben und Lernen!

Isabella Benischek, Anita Summer, Regina Zeindl-Steiner

Vor dem Einmaleins

Dieselben Ziffern 1 2 3 4 5 6 7 8 9 haben je nach ihrer Stelle einmal den Wert für Zehner oder den Wert für Einer.

Z	E
3	0

Z	E
	3

Lege oder zeichne die Zahl 40 mit Zehnerstangen.

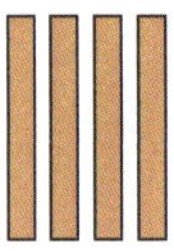
4Z

Nun nimm 4 weg.

Z	E		E
4	0	–	4

Da muss vorher 1 Zehner von den 4 Zehnern in 10 Einer umgetauscht werden.

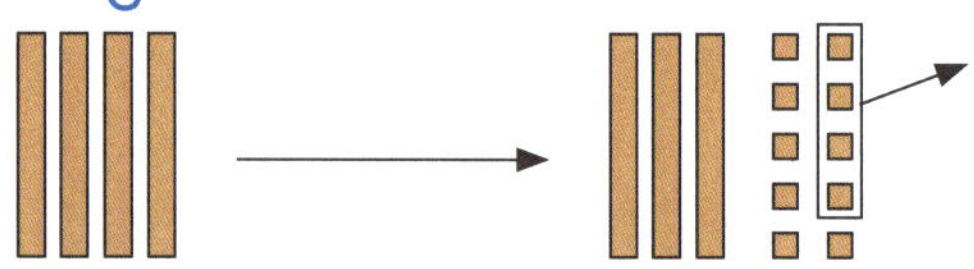

Z	E		E		Z	E
4	0	–	4	=	3	6

1. Zeichne und löse.

30 – 3	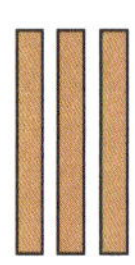	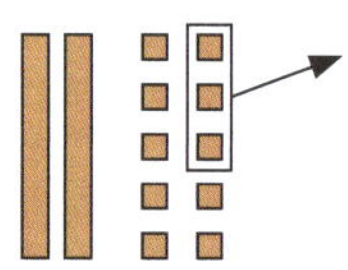	30 – 3 = 27
60 – 6			
80 – 8			
20 – 2			
50 – 5			

2. Zeichne und löse wie oben. Arbeite in dein Heft. 70 – 7 40 – 4 90 – 9

Ich lege 6 Zehnerstangen und teile diese in 2 Hälften.

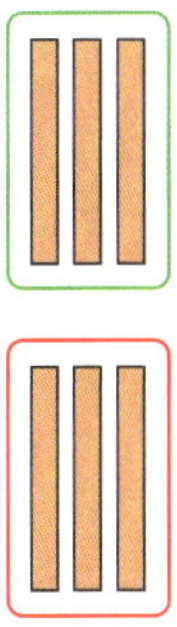

60
30 30

Ich lege 7 Zehnerstangen und teile diese auch in 2 Hälften.

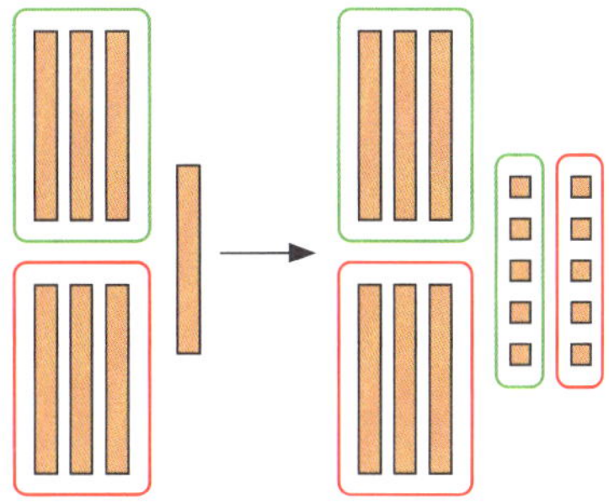

70
35 35

6 Zehner lassen sich gut halbieren.
1 Zehner muss in 10 Einer getauscht werden.
10 Einer werden zu 5 Einer + 5 Einer halbiert.

3. Halbiere.

60: ____ ____ 30: ____ ____ 20: ____ ____ 50: ____ ____

80: ____ ____ 40: ____ ____ 90: ____ ____ 70: ____ ____

4. Löse durch Halbieren.

70 = ____ + ____ 40 = ____ + ____ 20 = ____ + ____ 90 = ____ + ____

50 = ____ + ____ 80 = ____ + ____ 60 = ____ + ____ 30 = ____ + ____

5. Löse. Denke an das Ganze und die 2 Hälften.

Ganzes	Hälfte	Hälfte
	45	
70		
		25
30		

Vor dem Einmaleins

Das 100-Punkte-Feld

Du findest ein großes Hunderterpunktefeld zum Ausschneiden in deinem Lösungsheft auf Seite 9.

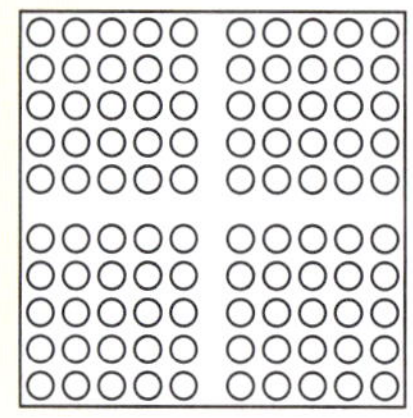

1. Kreuze die passende Antwort an.

Aus wie vielen Punkten besteht das 100-Punkte-Feld?	50	100	1 000
Wie viele Zeilen/Reihen hat das 100-Punkte-Feld?	10	5	100
Wie viele Spalten hat das 100-Punkte-Feld?	10	5	100
Es sind 10 Reihen mit je 10 Punkten.	JA		NEIN
Es sind 10 Spalten mit je 10 Punkten.	JA		NEIN
Es sind 4 Felder mit je 25 Punkten.	JA		NEIN
Es sind 2 Blöcke mit je 50 Punkten.	JA		NEIN
100 = 10 + 10 + 10 + 10 + 10 + 10 + 10 + 10 + 10 + 10	JA		NEIN
5 ganze Reihen sind 100 Punkte.	JA		NEIN
70 sind 7 ganze Spalten.	JA		NEIN
Nach 5 Punkten ist immer ein Abstand.	JA		NEIN

2. Wo kann man Zehner entdecken?
Kreise unterschiedliche Möglichkeiten ein.

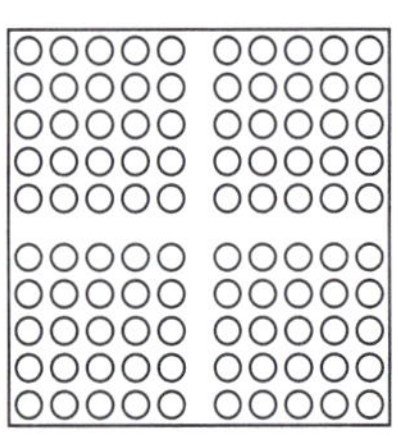 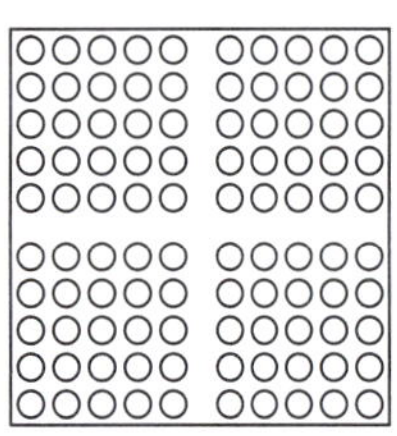 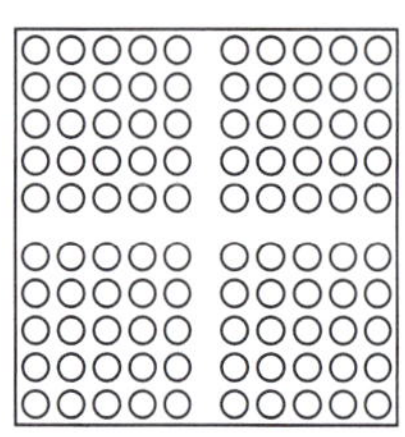 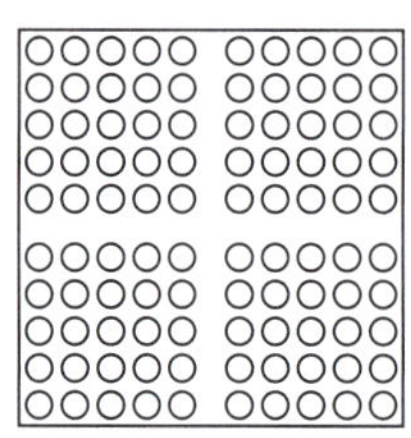 

3. Schreibe die Anzahl darunter.

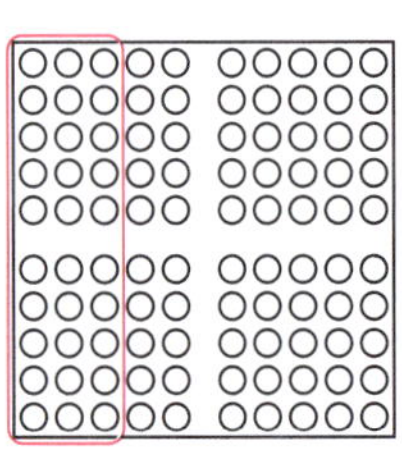 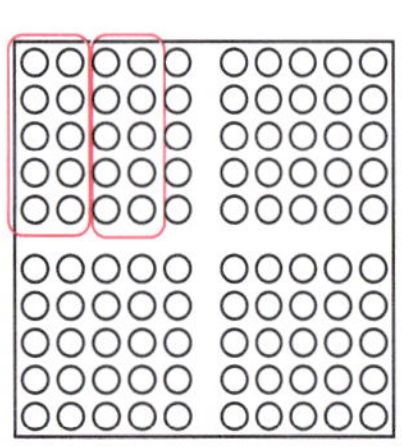 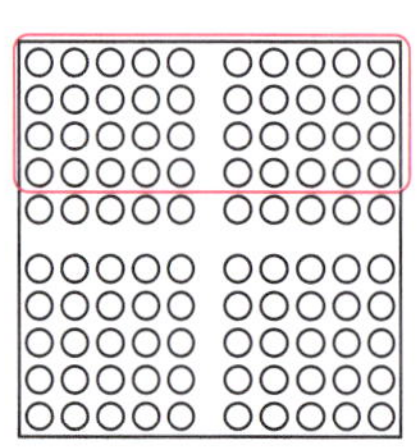 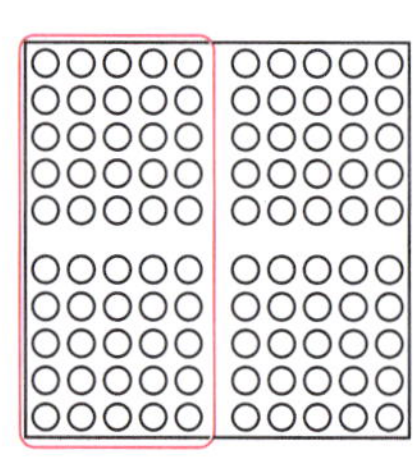 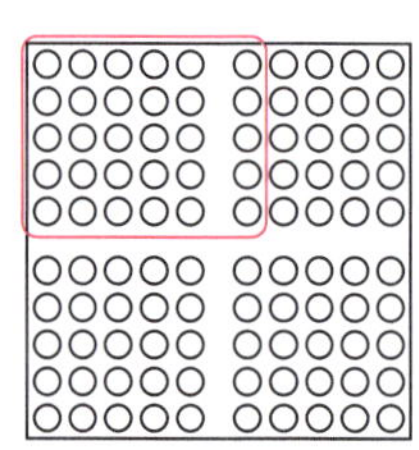

3 Zehner = 30   ____ Z = ____   ____ Z = ____   ____ Z = ____   ____ Z = ____

Verstehe das Einmaleins – Teil 1

Spiel: Wer hat die meisten Würfelpunkte?

Für dieses Spiel brauchst du mindestens 10 Würfel.
Würfle mit allen Würfeln auf einmal.
Ordne die Würfel nach der Augenzahl und schreibe die Rechnungen auf.
Beispiel:

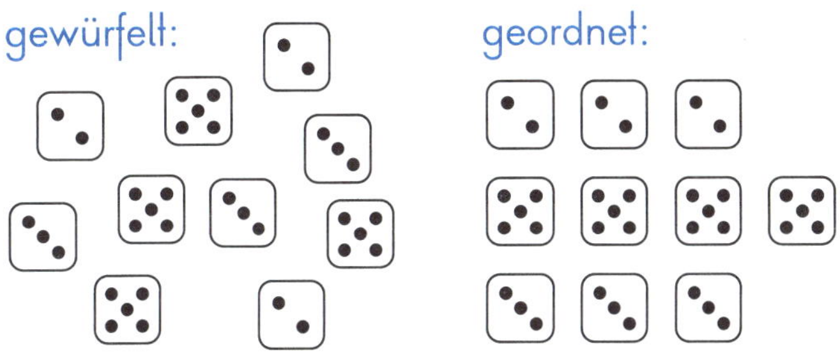

2 + 2 + 2 = ___
Du hast 3 mal ⚁ gewürfelt.

5 + 5 + 5 + 5 = ___
Du hast 4 mal ⚄ gewürfelt.

3 + 3 + 3 = ___
Du hast 3 mal ⚂ gewürfelt.

1. Das haben Kinder gewürfelt:

 3 mal immer ___ → 3 · ___

 ___ mal immer ___ → ___ · ___

 ___ mal immer ___ → ___ · ___

 ___ mal immer ___ → ___ · ___

2. Zeichne 3 mal immer 4 Punkte. Schreibe als Malrechnung.

☐ ☐ ☐ ___ · ___

Zeichne 8 mal immer 3 Punkte. Schreibe als Malrechnung.

☐ ☐ ☐ ☐ ☐ ☐ ☐ ☐ ___ · ___

Zeichne 6 mal immer 5 Punkte. Schreibe als Malrechnung.

☐ ☐ ☐ ☐ ☐ ☐ ___ · ___

Verstehe das Einmaleins – Teil 1

1. Welche Rechnung erkennst du? Schreibe sie in das Kästchen.

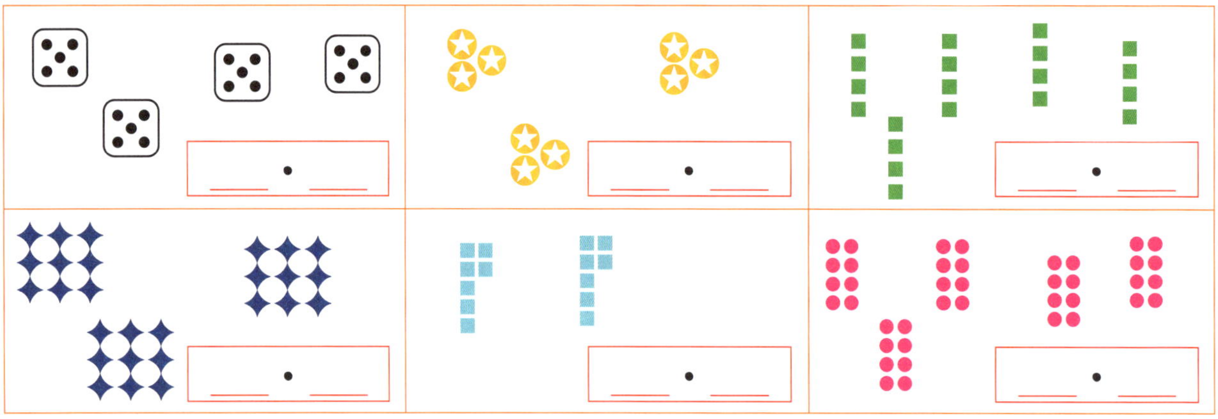

2. Zeichne.

- 3 • 7
- 4 • 3
- 5 • 2
- 8 • 4
- 6 • 2
- 7 • 3

3. Schau genau! Hier sind Malaufgaben und Plusaufgaben. Schreibe die Rechnung in das Kästchen.

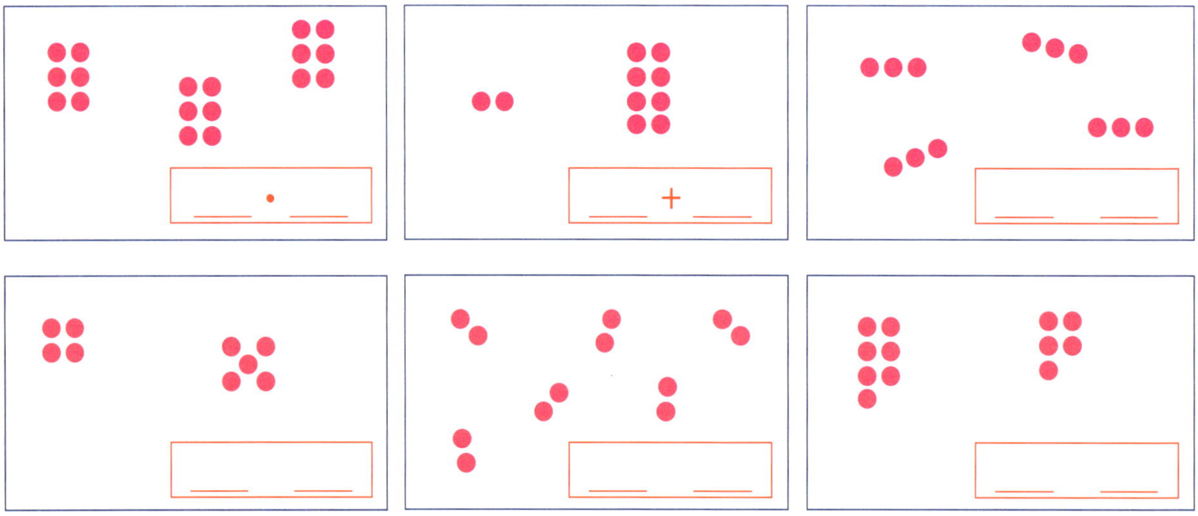

4. Richtig oder falsch? Kreuze an.

3 • 9 ○ stimmt ○ stimmt nicht 	4 • 7 ○ stimmt ○ stimmt nicht 
1 • 8 ○ stimmt ○ stimmt nicht 	2 • 4 ○ stimmt ○ stimmt nicht 

5. Schreibe die Malrechnung auf.

8 + 8 + 8 + 8 + 8 = ___ • 8

4 + 4 + 4 + 4 + 4 + 4 + 4 = ___ • ___

7 + 7 + 7 + 7 = ___ • ___

6. Schreibe die Plusrechnung auf.

5 • 3 = 3 + ___ + ___ + ___ + ___

4 • 12 = ______________________

3 • 9 = ______________________

7. Welche Rechnung kann man schneller aufschreiben?

○ Malrechnung ○ Plusrechnung

8. Nimm 12 Plättchen (Glasnuggets, Steinchen). Wenn du sie unterschiedlich anordnest, ergeben sich daraus verschiedene Malrechnungen.

3 • 4 →	4 • 3 →	2 • 6 →	6 • 2 →	Findest du noch weitere Lösungen?

Im Lösungsheft auf Seite 10 findest du einen großen Raster. Schiebe die Plättchen von einem Feld ins nächste. „Baue" die Malrechnungen. Wiederhole die Übung mit 16, 24 und 9 Plättchen.

Die Einmaleins-Tafel

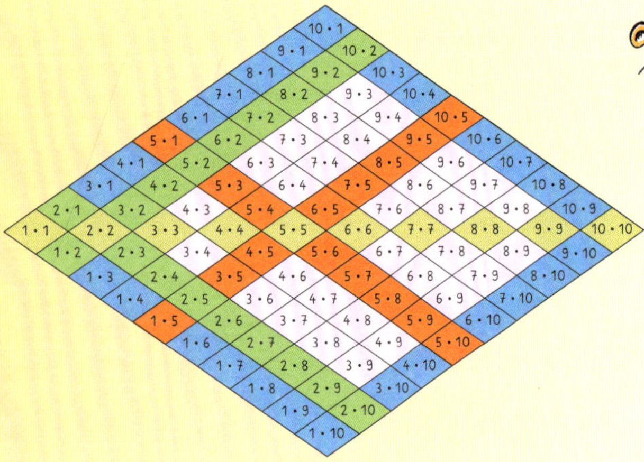

Auf der Tafel sind alle Aufgaben des Einmaleins.

Tipp: Du findest eine Einmaleins-Tafel zum Ausschneiden im Buch auf Seite 31. Schaue dir diese Tafel in Ruhe an.

1. Welche Muster auf der Einmaleins-Tafel erkennst du? Beschreibe.

   Setze die Aufgaben fort: 2 • 1 | 2 • 2 | 2 • 3 ____________________

   ____

   Suche die Tauschaufgaben zu oben und schreibe weiter: 1 • 2 | 2 • 2 | 3 • 2 ____________________

   Schreibe die roten Aufgaben auf: ____________________

   ____

   Was fällt dir bei den roten Aufgaben auf? ____________________

   ____

   Angrenzende Aufgaben sind Nachbaraufgaben. Welche Aufgaben grenzen an 6 • 6? ______ ______ ______ ______

   Schreibe drei Aufgaben auf, die nebeneinanderliegen: ☐ ☐ ☐

   Schreibe drei Aufgaben auf, die untereinanderliegen: ☐ ☐ ☐

   Finde Aufgaben, bei denen die zweite Zahl 7 ist. ____________________

   Die Quadratzahlaufgaben sind in der Mitte und gehen von der Ecke links bis zur Ecke rechts. Schreibe sie auf: ____________________

   ____

2. Suche andere Muster auf der Einmaleins-Tafel und schreibe sie auf.

Verstehe das Einmaleins – Teil 2

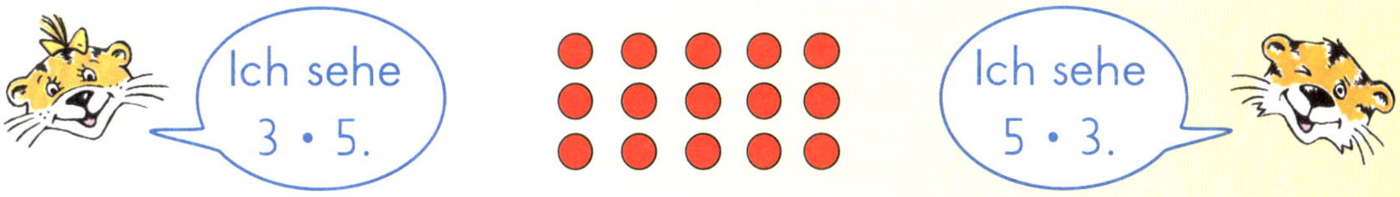

Tia sieht 3 Reihen mit jeweils 5 Punkten. Das ist richtig!

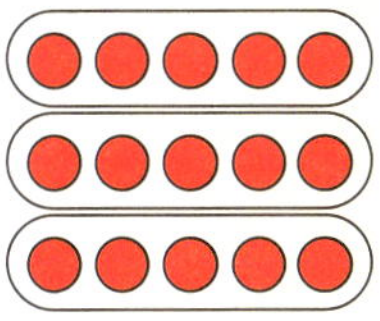

Teo sieht 5 Reihen mit jeweils 3 Punkten. Das ist auch richtig!

1. Welche Malrechnungen kannst du hier erkennen?

	4 • ___ 2 • ___		___ • ___ ___ • ___		___ • ___ ___ • ___
	___ • ___ ___ • ___		___ • ___ ___ • ___		___ • ___ ___ • ___

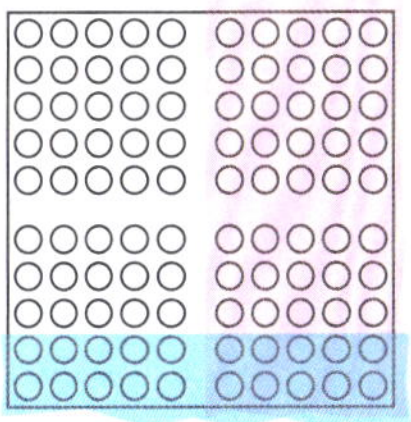

Am **100-Punkte-Feld** kann man Malaufgaben darstellen.
Hier siehst du die Rechnung 8 · 5.
Wir schieben immer die erste Zahl nach unten (blaue Folie), die zweite Zahl von links nach rechts (rosa Folie).
Tipp: Ein großes 100-Punkte-Feld ist im Lösungsheft auf Seite 9.

2. Stelle die Malrechnung mit zwei Blättern dar und bemale.

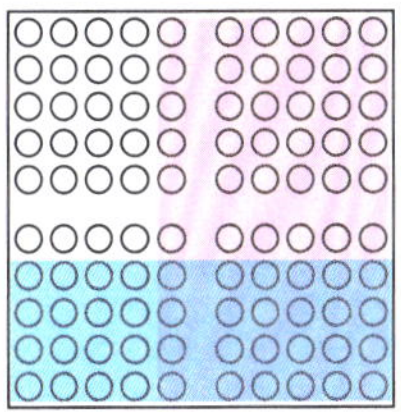

6 • 4

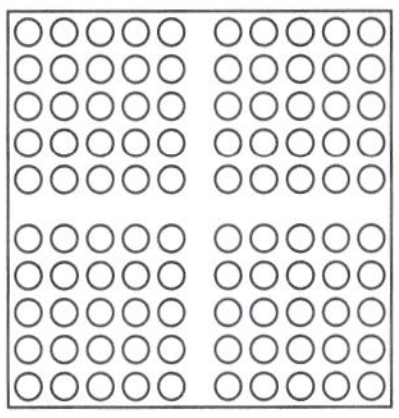

3 • 7

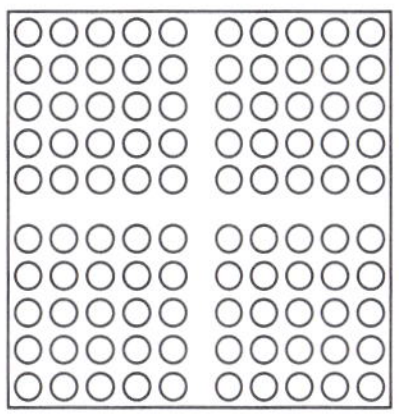

5 • 9

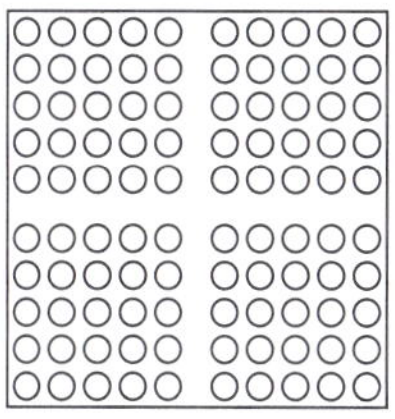

8 • 7

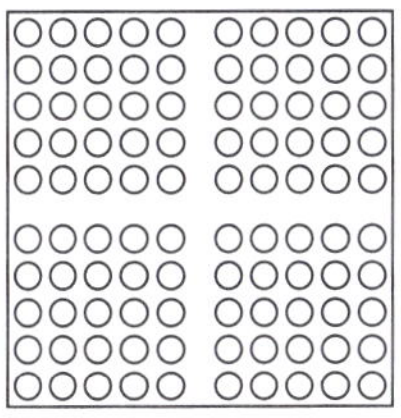

5 • 5

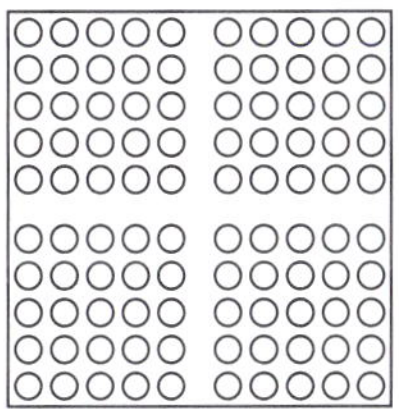

10 • 7

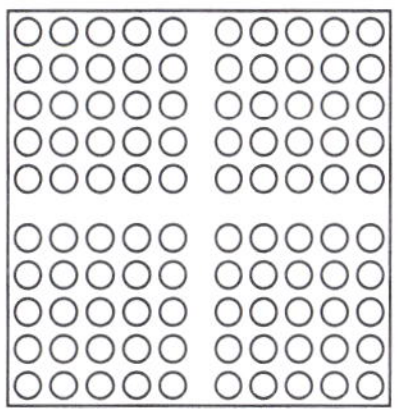

4 • 5

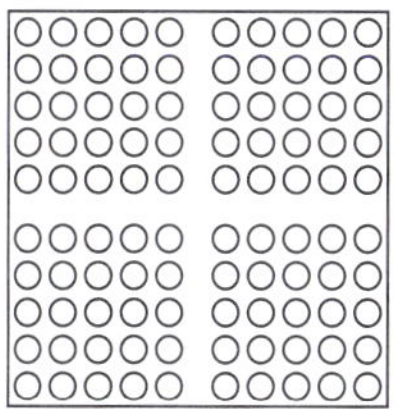

3 • 10

Malaufgaben mit 2

Ich kann hier 4 + 4 rechnen.

4 PLUS 4 = 8

Ich kann auch 2 • 4 rechnen.

4 MAL 4 = 8

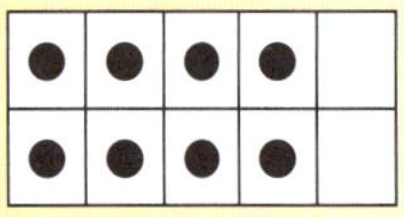

4 + 4 = 2 • 4 = 8

1. Schreibe die Verdoppelungsaufgaben als Malaufgaben.

5 + 5	3 + 3	6 + 6	8 + 8	4 + 4	9 + 9	7 + 7	2 + 2	10 + 10

5 + 5 = ___ • 5 = 10   ___ + ___ = ___ • ___ = ___   ___ + ___ = ___ • ___ = ___

___ + ___ = ___ • ___ = ___   ___ + ___ = ___ • ___ = ___   ___ + ___ = ___ • ___ = ___

___ + ___ = ___ • ___ = ___   ___ + ___ = ___ • ___ = ___   ___ + ___ = ___ • ___ = ___

2. Finde die Aufgabe und die Tauschaufgabe.

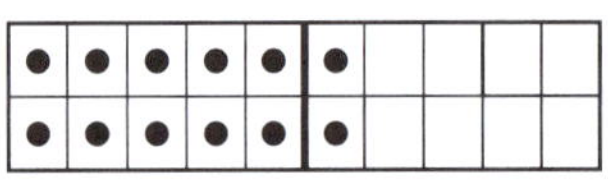

Tia sieht 2 • 6 = ____

Teo sieht 6 • 2 = ____

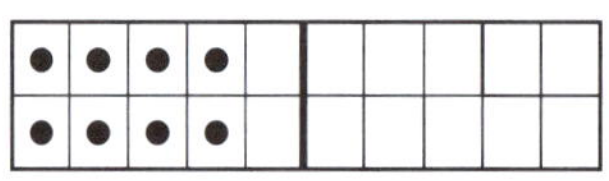

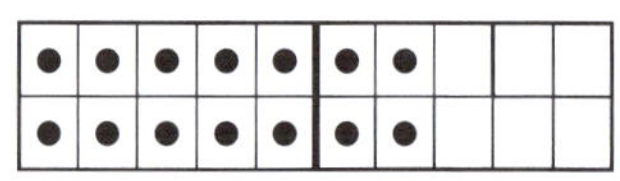

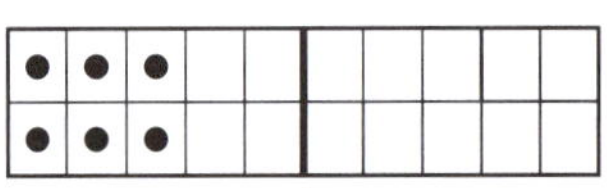

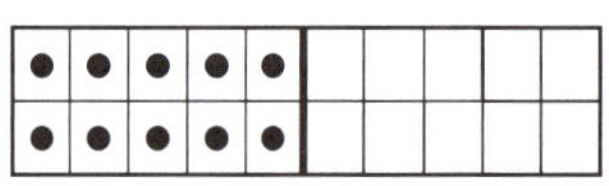

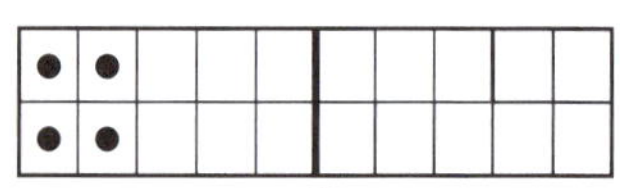

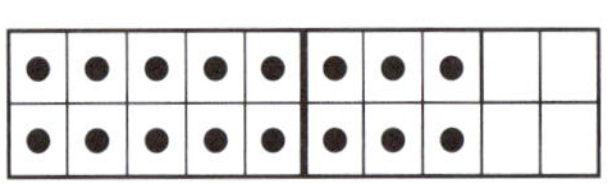

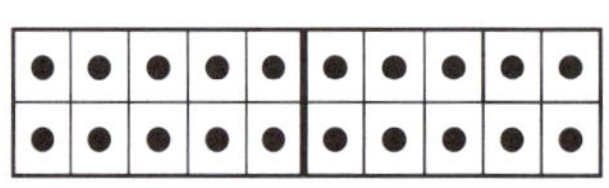

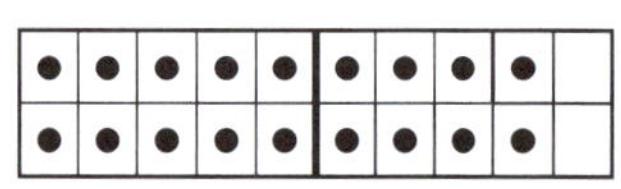

3. Warum haben Tauschaufgaben das gleiche Ergebnis?

____

Malaufgaben mit 10

10 • 3 = 30 kann ich am 100-Punkte-Feld darstellen.

In 10 • 3 = 30 kann ich auch 3 • 10 = 30 erkennen.

Tia schaut von dieser Seite. 3 • 10

Teo schaut von dieser Seite. 10 • 3

1. Löse die Malaufgaben mit 10. Stelle sie am 100-Punkte-Feld dar. Nimm ein Blatt Papier und decke ab, sodass du die folgenden Darstellungen siehst.

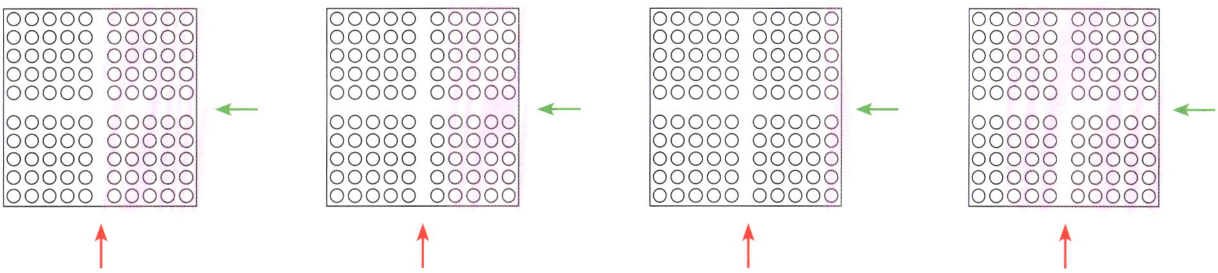

10 • 5 = 50
5 • 10 = 50

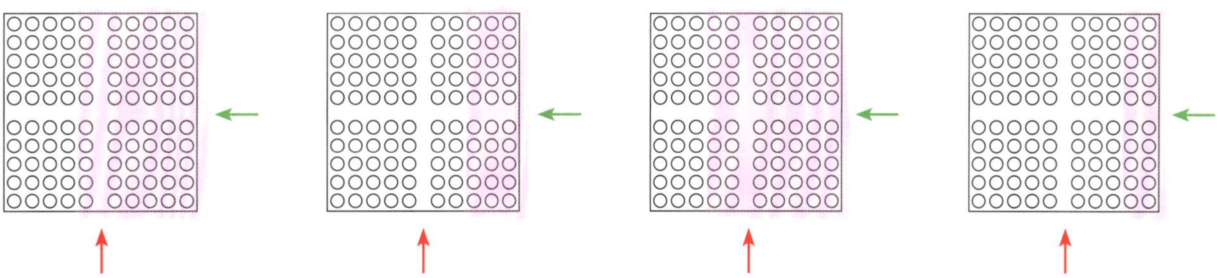

2. Suche die Tauschaufgabe und löse.

10 • 3 =	10 • 7 =	10 • 5 =	10 • 4 =	10 • 9 =
3 • 10 =	7 • 10 =	____	____	____
10 • 2 =	10 • 8 =	10 • 10 =	10 • 1 =	10 • 6 =
____	____	____	____	____

Malaufgaben mit 5

10 • 4 = 40 kann ich am 100-Punkte-Feld darstellen.

Dann halbiere ich. Eine Hälfte ist nun 5 • 4.

5 • 4 = 20 Die Hälfte von 40 ist 20.

40
20 20

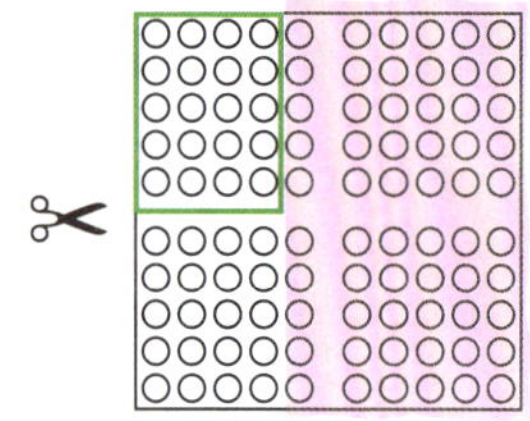

1. Löse die Malaufgaben mit 10 und mit 5. Stelle sie am 100-Punkte-Feld dar.

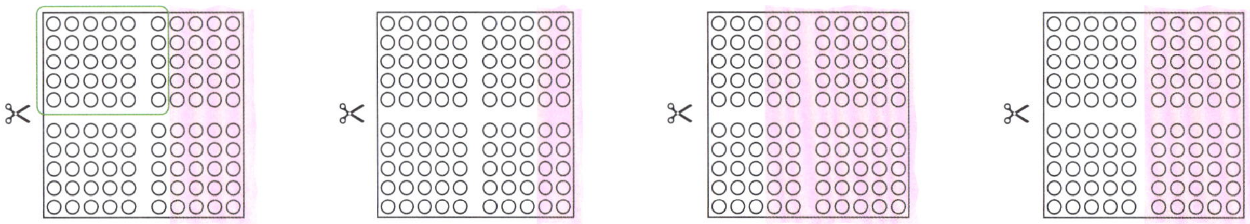

10 • 6 = 60

5 • 6 = 30

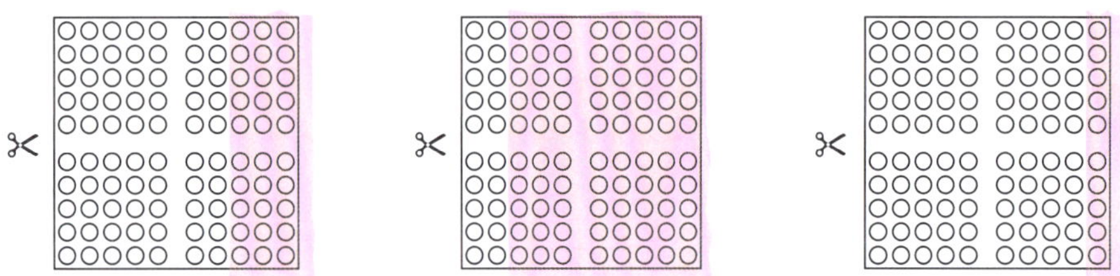

Das Ergebnis der 5-mal-Aufgabe ist halb so groß wie das der 10-mal-Aufgabe.

2. Suche die Tauschaufgabe und löse.

5 • 3 =	5 • 7 =	5 • 5 =	5 • 4 =	5 • 9 =
3 • 5 =	7 • 5 =			
5 • 2 =	5 • 8 =	5 • 10 =	5 • 1 =	5 • 6 =

3. Diese Königsaufgaben sind leicht zu merken.

1 • 8 =	1 • 3 =	1 • 5 =	1 • 7 =	1 • 9 =
2 • 8 =	2 • 3 =	2 • 5 =	2 • 7 =	2 • 9 =
5 • 8 =	5 • 3 =	5 • 5 =	5 • 7 =	5 • 9 =
10 • 8 =	10 • 3 =	10 • 5 =	10 • 7 =	10 • 9 =

Malaufgaben mit 9

Malaufgaben mit 10 kann ich gut.
Wie soll ich die 9-mal-Aufgaben lösen?

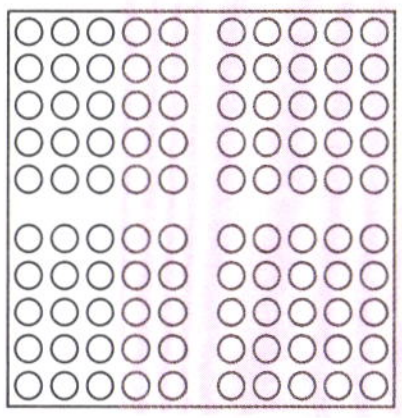

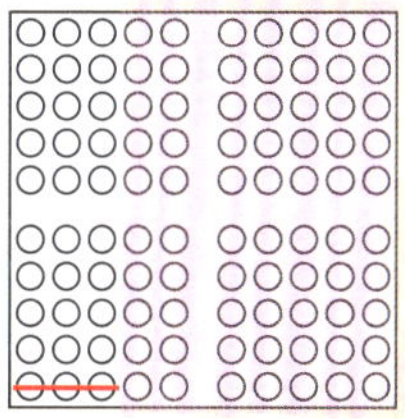

Für 9 • 3 muss man 3 wegnehmen. Überlege, wie viel du jeweils wegnehmen musst.

10 • 3 = 30 | 30 – 3 = 27 → 9 • 3 = 27

1. Löse die Malaufgaben. Zeichne am 100-Punkte-Feld wie Tia ein.

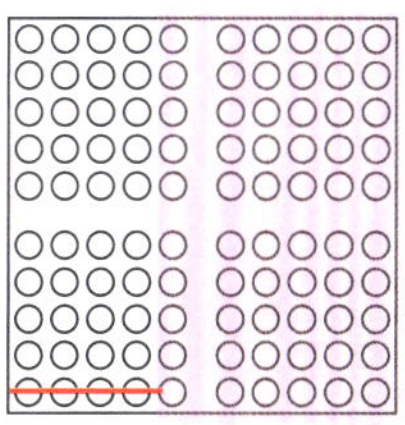

10 • 4 = ___
9 • 4 = ___

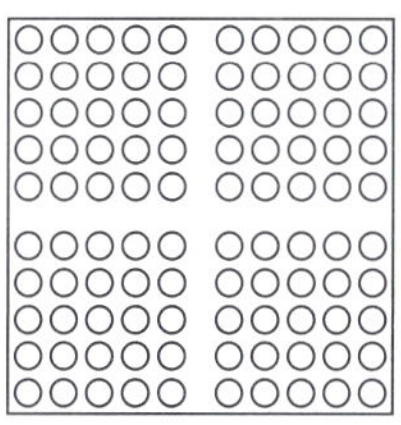

10 • 5 = ___
9 • 5 = ___

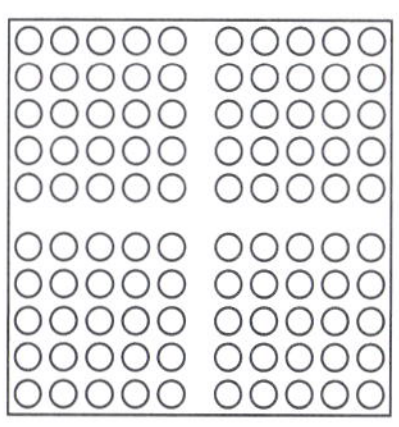

10 • 3 = ___
9 • 3 = ___

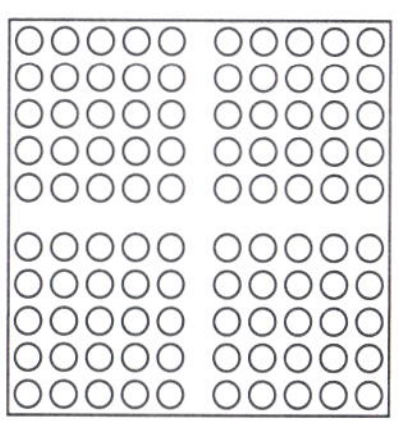

10 • 6 = ___
9 • 6 = ___

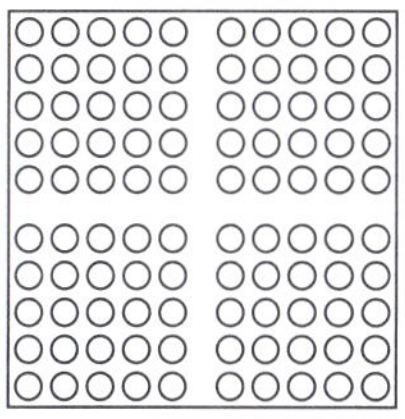

10 • 7 = ___
9 • 7 = ___

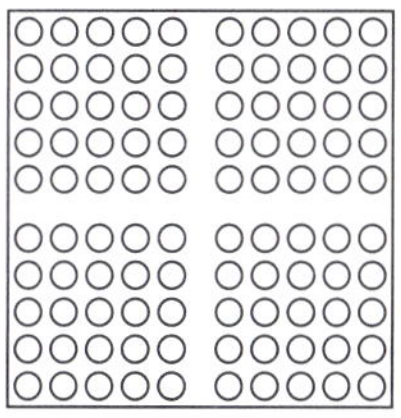

10 • 9 = ___
9 • 9 = ___

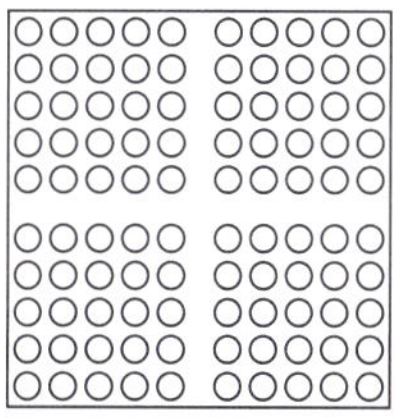

10 • 8 = ___
9 • 8 = ___

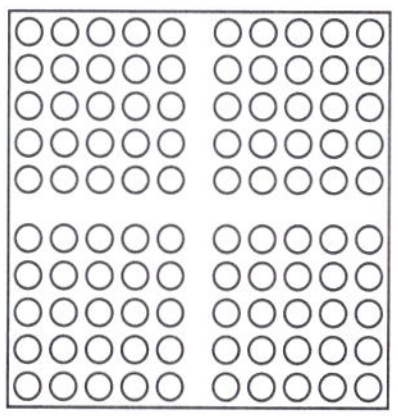

10 • 2 = ___
9 • 2 = ___

2. Wie löst man diese Aufgaben? Suche die Hilfsrechnung.

9 • 7 =
10 • 7 =

9 • 4 =
____

9 • 6 =
____

9 • 9 =
____

9 • 2 =
____

9 • 8 =
____

9 • 3 =
____

9 • 1 =
____

9 • 5 =
____

3. Wie kannst du die Aufgabe 3 • 9 lösen?

____

Malaufgaben mit 4

Malaufgaben mit 5 kann ich gut.
Wie soll ich die 4-mal-Aufgaben lösen?

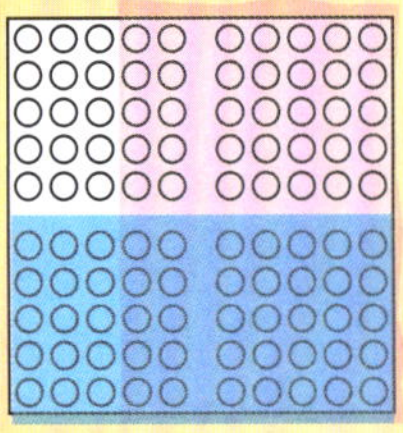

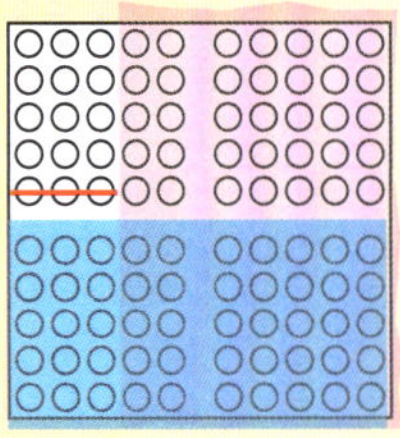

Für 4 • 3 muss man 3 wegnehmen. Überlege, wie viel du jeweils wegnehmen musst.

5 • 3 = 15

15 – 3 = 12 → 4 • 3 = 12

1. Löse die Malaufgaben. Zeichne am 100-Punkte-Feld wie Teo ein.

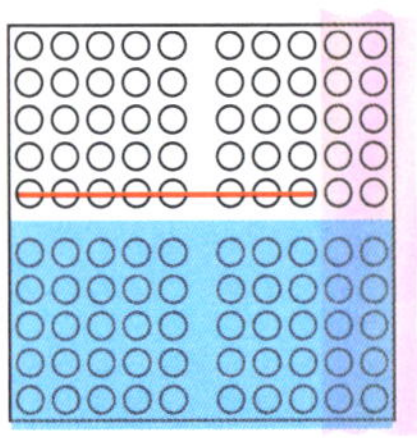

5 • 8 = ___
4 • 8 = ___

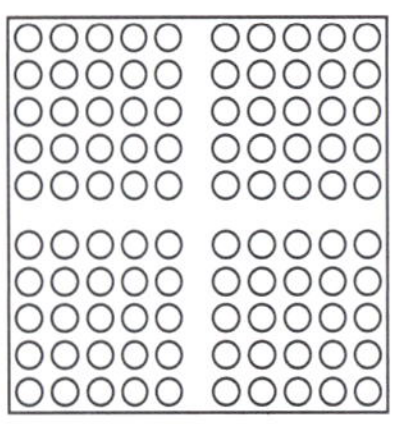

5 • 3 = ___
4 • 3 = ___

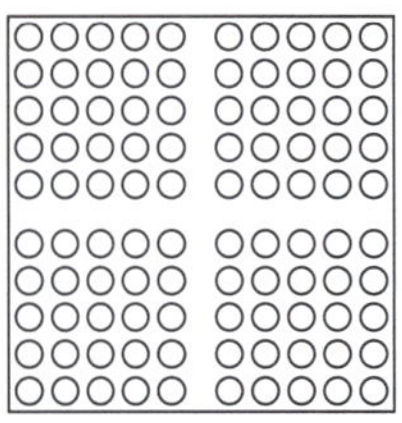

5 • 4 = ___
4 • 4 = ___

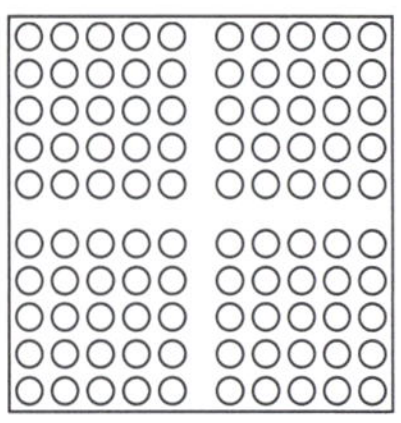

5 • 6 = ___
4 • 6 = ___

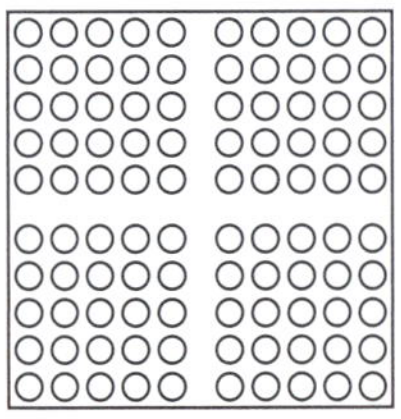

5 • 7 = ___
4 • 7 = ___

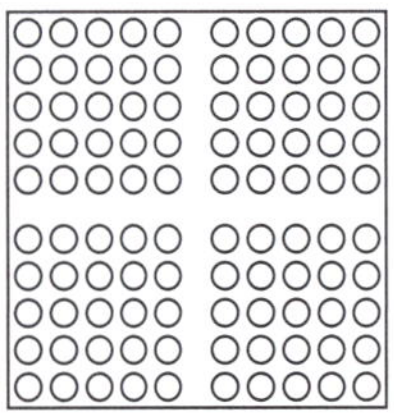

5 • 9 = ___
4 • 9 = ___

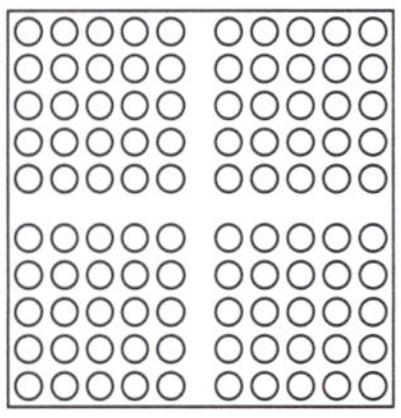

5 • 5 = ___
4 • 5 = ___

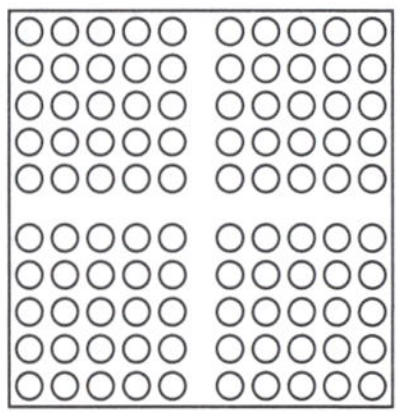

5 • 2 = ___
4 • 2 = ___

2. Wie löst man diese Aufgaben? Suche die Hilfsrechnung.

4 • 7 = ___
5 • 7 = ___

4 • 8 = ___
___

4 • 5 = ___
___

4 • 9 = ___
___

4 • 2 = ___
___

4 • 4 = ___
___

4 • 3 = ___
___

4 • 1 = ___
___

4 • 6 = ___
___

3. Wie kannst du die Aufgabe 7 • 4 lösen?

___

Malaufgaben mit 3

Malaufgaben mit 2
kann ich gut.
2 • 4 = 8

Ich möchte 3 • 4 wissen. Die blaue
Folie wird um 1 • 4 hinuntergeschoben.
2 • 4 = 8 → 4 dazu → 3 • 4 = 12

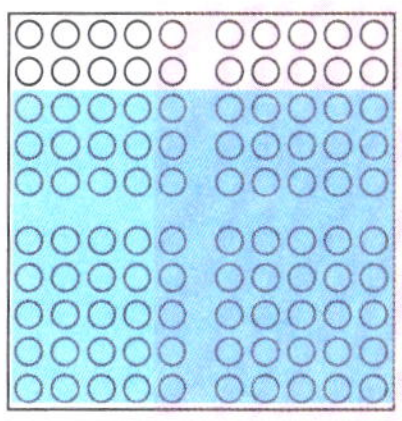

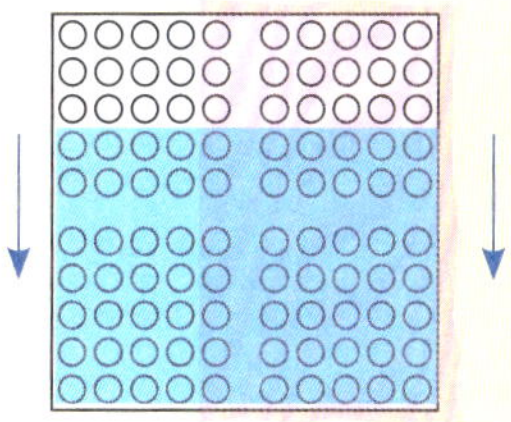

1. Zuerst die Königsaufgabe 2 mal, dann noch 1 mal dazu.

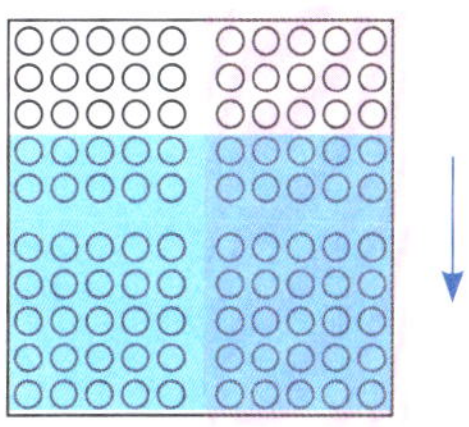

2 • 5 = 10 → 5 dazu
3 • 5 = ___

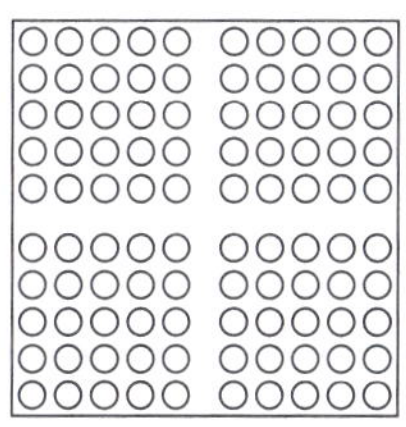

2 • 6 = ___ → ___ dazu
3 • 6 = ___

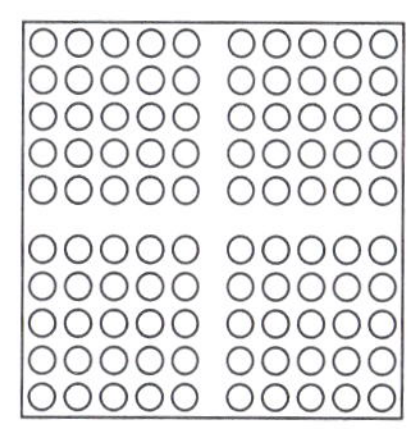

2 • 7 = ___ → ___ dazu
3 • 7 = ___

2. Die Königsaufgabe 2 mal hilft dir.

3 • 4 = ___, weil 2 • 4 = 8 und 4 dazu.
3 • 7 = ___, weil 2 • 7 = ___ und 7 dazu.
3 • 3 = ___, weil 2 • 3 = ___ und ___ dazu.
3 • 8 = ___, weil 2 • 8 = ___ und ___ dazu.
3 • 6 = ___, weil 2 • 6 = ___ und ___ dazu.

3. Suche die Tauschaufgabe und löse.

3 • 1 = ___	3 • 4 =	3 • 2 =	3 • 0 =	3 • 9 =
1 • 3 = ___	___	___	___	___

4. Nun kannst du schon viele Malrechnungen lösen.

2 • 7 = ___	10 • 3 = ___	5 • 4 = ___	9 • 3 = ___	4 • 4 = ___
2 • 9 = ___	10 • 7 = ___	5 • 7 = ___	9 • 1 = ___	4 • 9 = ___
2 • 3 = ___	10 • 4 = ___	5 • 2 = ___	9 • 0 = ___	4 • 5 = ___
2 • 8 = ___	10 • 6 = ___	5 • 9 = ___	9 • 9 = ___	4 • 8 = ___

Malaufgaben mit 6

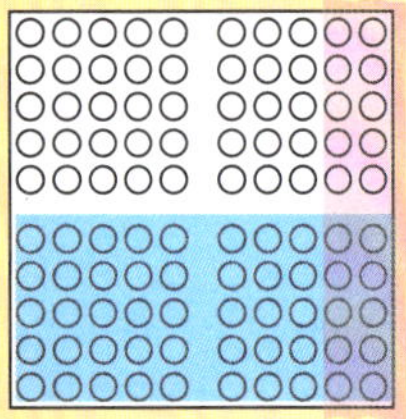

5 • 8

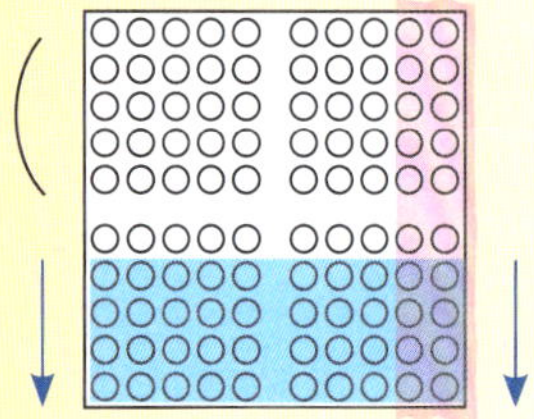

Das ist 5 • 8.

Ich habe 1 • 8 dazugegeben.
Nun sehe ich 6 • 8.
5 • 8 = 40 → 8 dazu → 6 • 8 = 48

1. Rechne wie Teo zuerst 5 mal, dann 6 mal.

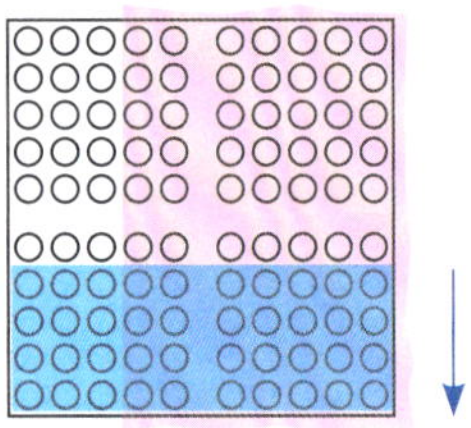

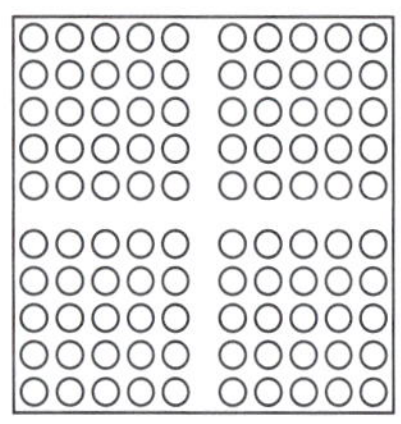

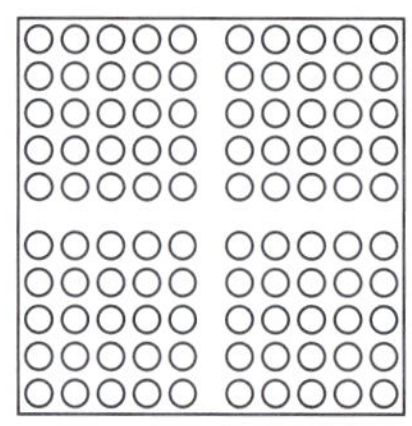

5 • 3 = 15 → 3 dazu | 5 • 8 = ___ → ___ dazu | 5 • 7 = ___ → ___ dazu
6 • 3 = ___ | 6 • 8 = ___ | 6 • 7 = ___

2. 6 • 4 = ___, weil 5 • 4 = 20 und 4 dazu.
6 • 6 = ___, weil 5 • 6 = ___ und ___ dazu.
6 • 8 = ___, weil 5 • 8 = ___ und ___ dazu.
6 • 3 = ___, weil 5 • 3 = ___ und ___ dazu.
6 • 9 = ___, weil 5 • 9 = ___ und ___ dazu.
6 • 5 = ___, weil 5 • 5 = ___ und ___ dazu.

3. Du kannst auch so überlegen: 3 mal hilft bei 6 mal.

3 • 3 = ___, verdopple auf 6 • 3 = ___ | 3 • 8 = ___, verdopple auf 6 • 8 = ___
3 • 4 = ___, verdopple auf 6 • 4 = ___ | 3 • 6 = ___, verdopple auf 6 • 6 = ___
3 • 2 = ___, verdopple auf 6 • 2 = ___ | 3 • 9 = ___, verdopple auf 6 • 9 = ___
3 • 5 = ___, verdopple auf 6 • 5 = ___ | 3 • 7 = ___, verdopple auf 6 • 7 = ___

4. Suche die Tauschaufgabe und löse.

6 • 1 = ___ | 6 • 8 = ___ | 6 • 2 = ___ | 6 • 3 = ___ | 6 • 7 = ___
1 • 6 = ___ | ___ | ___ | ___ | ___

Malaufgaben mit 7

Wie kann ich
7 • 5 lösen?

5 • 5
2 • 5

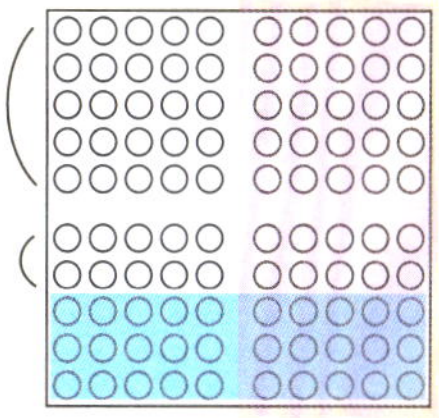

Ich denke an 5 • 5 und
dazu noch 2 • 5, also
insgesamt 7 • 5 = 35.

1. Rechne wie Teo zuerst 5 mal, dann plus 2 mal.

7 • 3

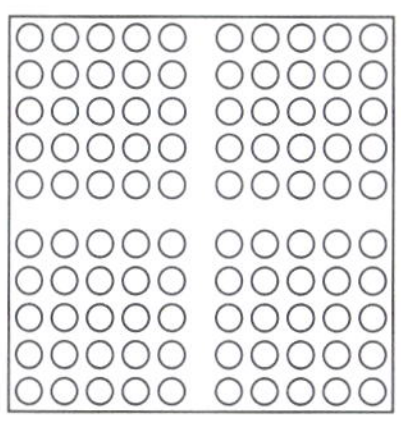

5 • 3 plus
2 • 3 gleich
7 • 3 = ___

7 • 8

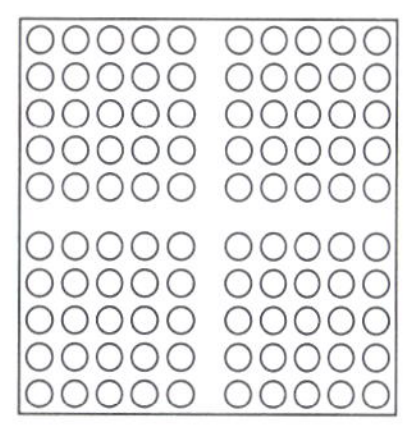

5 • 8 plus
2 • 8 gleich
7 • 8 = ___

7 • 6

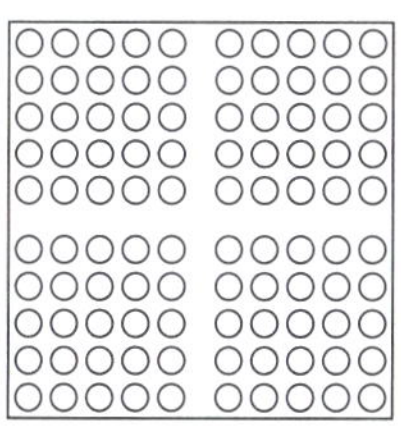

5 • 6 plus
2 • 6 gleich
7 • 6 = ___

7 • 7

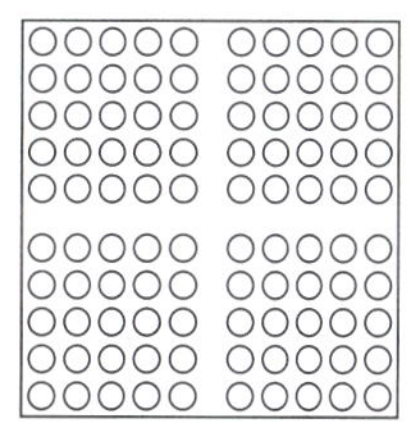

5 • 7 plus
2 • 7 gleich
7 • 7 = ___

2. Welche Rechnungen können dir helfen?

7 • 4 = ___ Hilfe: 5 • 4 + 2 • 4   7 • 3 = ___ Hilfe: ___
7 • 9 = ___ Hilfe: ___   7 • 6 = ___ Hilfe: ___
7 • 2 = ___ Hilfe: ___   7 • 10 = ___ Hilfe: ___

3. Suche die Tauschaufgabe und löse.

7 • 4 = ___   7 • 3 = ___   7 • 2 = ___   7 • 5 = ___   7 • 9 = ___

4. Nun kannst du schon viele Malrechnungen lösen.

5 • 7 = ___   10 • 3 = ___   3 • 4 = ___   5 • 3 = ___   4 • 4 = ___
3 • 9 = ___   2 • 7 = ___   9 • 7 = ___   9 • 1 = ___   4 • 9 = ___
4 • 3 = ___   7 • 4 = ___   6 • 2 = ___   2 • 4 = ___   1 • 5 = ___
6 • 8 = ___   9 • 6 = ___   1 • 9 = ___   9 • 9 = ___   5 • 8 = ___

Malaufgaben mit 8

5 • 8
3 • 8

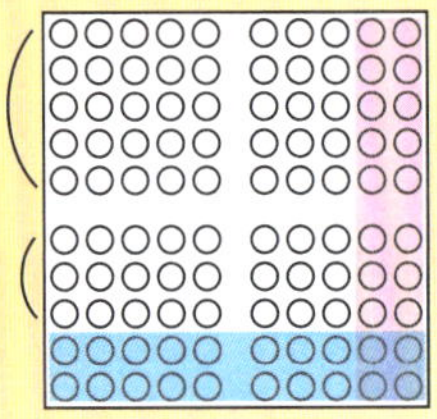

8 • 8 stelle ich mir so vor:
5 • 8 = 40 und dazu noch
3 • 8 = 24, also insgesamt
8 • 8 = 64.

Du kannst bei allen anderen Malrechnungen mit 8 einfach tauschen.

1. Löse die Aufgaben durch Vertauschen.

8 • 4 = ___ 8 • 3 = ___ 8 • 7 = ___ 8 • 2 = ___ 8 • 5 = ___
4 • 8 = ___ 3 • 8 = ___ 7 • 8 = ___ 2 • 8 = ___ 5 • 8 = ___

8 • 9 = ___ 8 • 1 = ___ 8 • 6 = ___ 8 • 10 = ___ 8 • 8 = ___
9 • 8 = ___ 1 • 8 = ___ 6 • 8 = ___ 10 • 8 = ___

2. Suche die Tauschaufgabe und löse.

1 • 8 = ___ 1 • 3 = ___ 1 • 6 = ___ 1 • 4 = ___ 1 • 7 = ___
_____ _____ _____ _____ _____

2 • 8 = ___ 2 • 3 = ___ 2 • 6 = ___ 2 • 4 = ___ 2 • 7 = ___
_____ _____ _____ _____ _____

5 • 8 = ___ 5 • 3 = ___ 5 • 6 = ___ 5 • 4 = ___ 5 • 7 = ___
_____ _____ _____ _____ _____

10 • 8 = ___ 10 • 3 = ___ 10 • 6 = ___ 10 • 4 = ___ 10 • 7 = ___
_____ _____ _____ _____ _____

3. Welche Rechnungen helfen dir?

9 • 6 = ___ Hilfe: 10 • 6 = 60 9 • 3 = ___ Hilfe: _____
4 • 5 = ___ Hilfe: _____ 7 • 3 = ___ Hilfe: _____
5 • 9 = ___ Hilfe: _____ 4 • 6 = ___ Hilfe: _____
7 • 8 = ___ Hilfe: _____ 8 • 4 = ___ Hilfe: _____
4 • 9 = ___ Hilfe: _____ 9 • 7 = ___ Hilfe: _____
6 • 7 = ___ Hilfe: _____ 7 • 6 = ___ Hilfe: _____

Besondere Malaufgaben

Quadratzahlaufgaben

Nimm dein 100-Punkte-Feld und stelle mit den beiden Folien folgende Aufgaben dar:

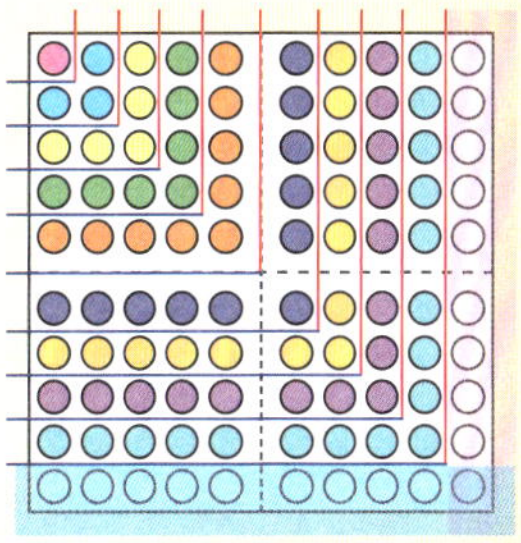

Die Punkte ergeben immer ein Quadrat.

1 • 1 = ___ 2 • 2 = ___ 3 • 3 = ___ 4 • 4 = ___
5 • 5 = ___ 6 • 6 = ___ 7 • 7 = ___ 8 • 8 = ___
9 • 9 = ___ 10 • 10 = ___

Wenn du mit 0 multiplizierst, ist das Ergebnis immer 0.
→ eine Zahl mal 0 oder 0 mal eine Zahl = 0

1. 0 • 27 = ___ 0 • 22 = ___ 9 • 0 = ___ 0 • 0 = ___
0 • 9 = ___ 36 • 0 = ___ 0 • 325 = ___ 37 • 0 = ___
11 • 0 = ___ 0 • 105 = ___ 10 • 0 = ___ 0 • 901 = ___

Wenn du mit 1 multiplizierst, ist das Ergebnis immer die Ausgangszahl.
→ eine Zahl mal 1 oder 1 mal eine Zahl = die Ausgangszahl

2. 1 • 6 = ___ 92 • 1 = ___ 0 • 1 = ___ 1 • 8 = ___
3 • 1 = ___ 1 • 54 = ___ 11 • 1 = ___ 22 • 1 = ___

3. Schau genau! Hier gibt es Mal-, Plus- und Minusaufgaben.
0 • 6 = ___ 20 – 0 = ___ 9 – 0 = ___ 8 • 0 = ___
0 + 8 = ___ 4 + 0 = ___ 0 • 4 = ___ 13 + 0 = ___
14 – 0 = ___ 1 • 2 = ___ 1 + 0 = ___ 971 – 0 = ___

4. Finde passende Malaufgaben.
4 • ___ = 24 ___ • ___ = 20 ___ • ___ = 81 ___ • ___ = 12
1 • ___ = 24 ___ • ___ = 32 ___ • ___ = 64 ___ • ___ = 27
8 • ___ = 24 ___ • ___ = 18 ___ • ___ = 16 ___ • ___ = 56
___ • ___ = 24 ___ • ___ = 0 ___ • ___ = 25 ___ • ___ = 36

Gemischte Malaufgaben

1. Welche Malaufgabe erkennst du? Schreibe sie auf und rechne aus.

___ • ___ = ___

___ • ___ = ___

___ • ___ = ___

___ • ___ = ___

___ • ___ = ___

___ • ___ = ___

2. Schreibe die Malrechnungen an und rechne aus.

Wie viele Perlen hat Sabi?

Wie viele Sticker hat Paul?

Wie viele Murmeln hat Dani?

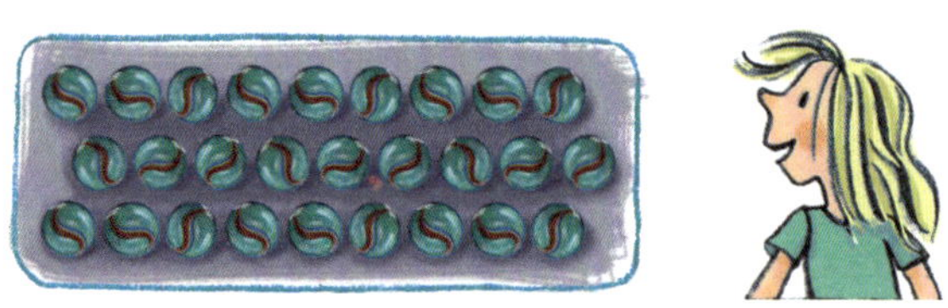

3. Finde passende Malaufgaben.

Wie viele Beine haben 5 Ameisen?

___ • ___ = ___

Wie viele Flügel haben 3 Vögel?

___ • ___ = ___

Wie viele Rüssel haben 4 Elefanten?

___ • ___ = ___

Wie viele Ohren haben 6 Hasen?

___ • ___ = ___

Wie viele Augen haben 8 Katzen?

___ • ___ = ___

Wie viele Beine haben 7 Hunde?

___ • ___ = ___

4. Finde Malaufgaben. Schreibe sie unter das Bild. Rechne aus.

Rechengeschichten mit Malaufgaben

1. Was ist passiert? Schreibe die Rechnungen auf und rechne sie aus. Erfinde eine passende Geschichte.

Rechnungen: ______

Geschichte: ______

Rechnungen: ______

Geschichte: ______

Rechnungen: ______

Geschichte: ______

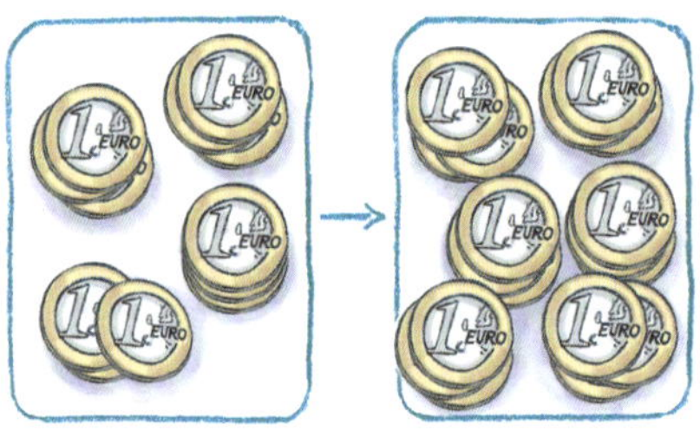

Rechnungen: ______

Geschichte: ______

2. Blumenbeete: Schreibe die Rechnungen an und löse sie.

a. In einem Blumenbeet stehen 8 Tulpen nebeneinander.
Es gibt 4 Reihen. ______

b. Im nächsten Blumenbeet stehen 6 Lilien nebeneinander.
Es gibt 7 Reihen. ______

c. Im dritten Blumenbeet stehen 9 Rosen nebeneinander.
Es gibt 2 Reihen. ______

Sachaufgaben in der Schulklasse

1. In einer Schulklasse stehen 7 Bänke. Bei jeder Bank sitzen zwei Kinder.
   Wie viele Kinder sind in der Klasse?

   ____

   Antwort: Es sind ____ Kinder in der Klasse.

2. Die Hälfte der Kinder sind Mädchen. Wie viele Mädchen sind in der Klasse?

   ____

   Antwort: Es sind ____ Mädchen in der Klasse.

3. Wie viele Buben sind in der Klasse?
   Antwort: Es sind ____ Buben in der Klasse.

4. Auf jeder der 7 Bänke liegen 4 Bücher.
   Wie viele Bücher liegen insgesamt auf den Bänken?

   ____

   Antwort: ____

5. Jedes Mädchen bekommt 5 Kärtchen mit unterschiedlichen Rechnungen.
   Wie viele Kärtchen hat die Lehrerin ausgeteilt?

   ____

   Antwort: ____

6. Jeder Bub bekommt ein Arbeitsblatt. Wie viele Arbeitsblätter werden ausgeteilt?

   ____

   Antwort: ____

Sachaufgaben Obst und Gemüse

1. Für den Transport werden die Erdäpfel in Säcke gefüllt.
Ein Sack wiegt 5 Kilogramm.

1 Sack	2 Säcke	4 Säcke	5 Säcke	8 Säcke	10 Säcke
5 kg					

2. In eine Eierschachtel passen 6 Eier.

1 Schachtel	3 Schachteln	5 Schachteln	6 Schachteln	8 Schachteln	9 Schachteln
6 Eier					

3. In einem Netz sind 8 Orangen.

1 Netz	2 Netze	4 Netze	6 Netze	7 Netze	9 Netze
8 Orangen					

4. In einem Karton haben 9 Gurken Platz.

1 Karton	2 Kartons	3 Kartons	6 Kartons	8 Kartons	10 Kartons
9 Gurken					

5. In einer Packung befinden sich 7 Äpfel.

1 Packung	3 Packungen	4 Packungen	6 Packungen	7 Packungen	8 Packungen
7 Äpfel					

6. In einem Sackerl sind 4 Birnen.

1 Sackerl	2 Sackerl	5 Sackerl	7 Sackerl	8 Sackerl	10 Sackerl
	8 Birnen				

Sachaufgaben Einkaufen für die Schule

1. Finde Malrechnungen. Schreibe sie auf und rechne sie aus.

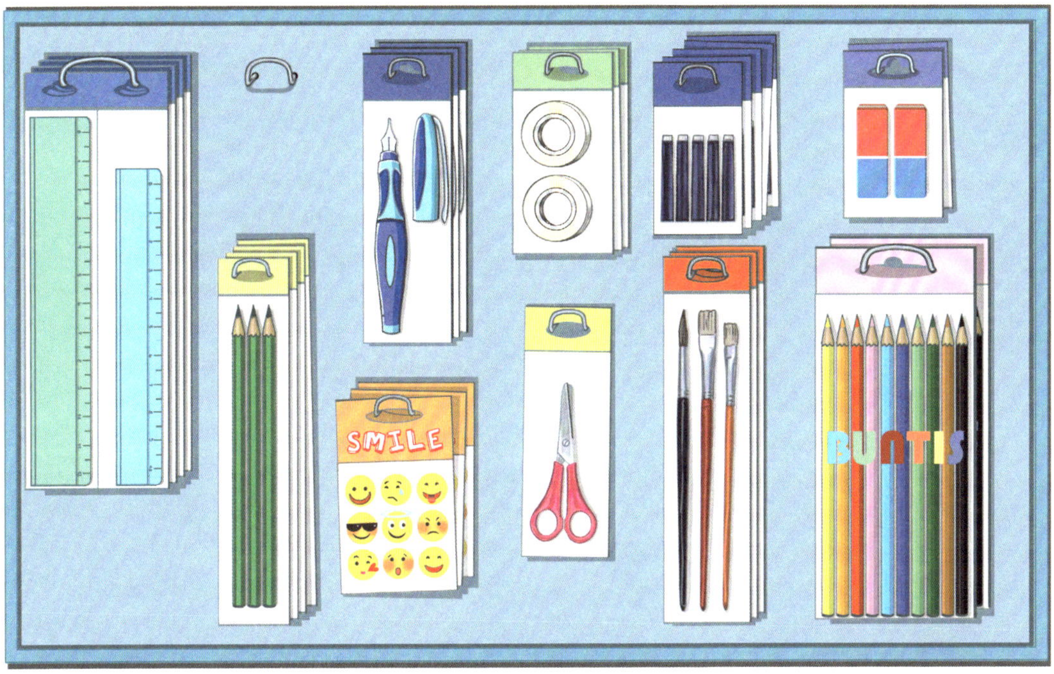

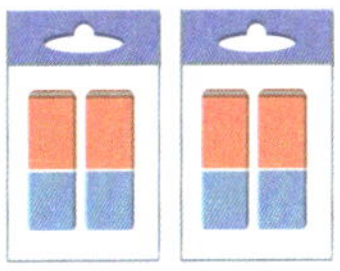

Beispiel: 2 + 2 = ____
2 • 2 = ____

2. Suche die Malrechnungen und beschreibe sie.

Beispiel: 2 • 2 Zwei Packungen mit je zwei Radiergummis.

3 • 9 ______________________

4 • 3 ______________________

5 • 5 ______________________

Sachaufgaben Geometrie und Maße

1. Würfel: Verbinde.

Vier Würfel haben ___ Flächen.	40
Fünf Würfel haben ___ Ecken.	64
Sieben Würfel haben ___ Flächen.	24
Acht Würfel haben ___ Ecken.	42

2. Flächen: Richtig oder falsch? Kreuze an. Stelle falsche Ergebnisse richtig.

	richtig	falsch	richtig ist
Acht Rechtecke haben 16 Ecken.			
Acht Dreiecke haben 24 Ecken.			
Sieben Quadrate haben 49 Ecken.			
Neun Rechtecke haben 36 Seiten.			
Sechs Quadrate haben 36 Seiten.			

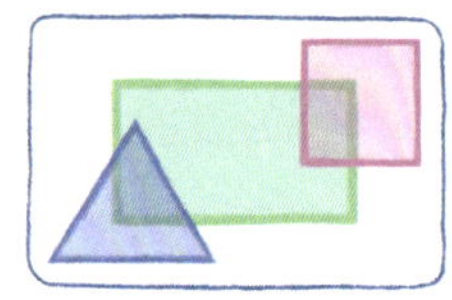

3. a. Wegstrecken: Tina geht mit ihrem Hund jeden Tag genau 2 Kilometer spazieren.
   Wie viele Kilometer geht Tina in einer Woche?
   b. Die Mama von Tom fährt mit dem Fahrrad in die Arbeit.
   Eine Strecke beträgt 4 Kilometer.
   Wie viele Kilometer fährt sie in einer Arbeitswoche (= 5 Tage)?
   Hinweis: Sie fährt zur Arbeit und auch wieder nach Hause.
   c. Die Zwillinge Samu und Sina kommen mit dem Bus zur Schule.
   Die Strecke von der Haltestelle zur Schule ist 3 Kilometer lang.
   Wie viele Kilometer fahren die Zwillinge in einer Schulwoche (= 5 Tage)?
   Hinweis: Sie fahren mit dem Bus auch wieder nach Hause.

4. Tia und Teo helfen bei der Ernte.
   a. In einer Steige (= quaderförmige Kiste) haben a) **6 Kürbisse**, b) **7 Kürbisse**, c) **8 Kürbisse** Platz. Wie viele Kürbisse befinden sich in 8 Steigen?
   b. Immer 10 Gurken werden in eine Schachtel gelegt.
   Wie viele Gurken befinden sich in a) **2**, b) **5**, c) **10 Schachteln**?
   c. Alle Salatköpfe im Glashaus werden geerntet.
   Es gibt 9 Reihen. In jeder Reihe wachsen 9 Salatköpfe.

Einmaleins-Aufgaben finden

1. Die bunten Felder stellen Einmaleins-Aufgaben dar.
Schreibe sie auf und rechne aus.

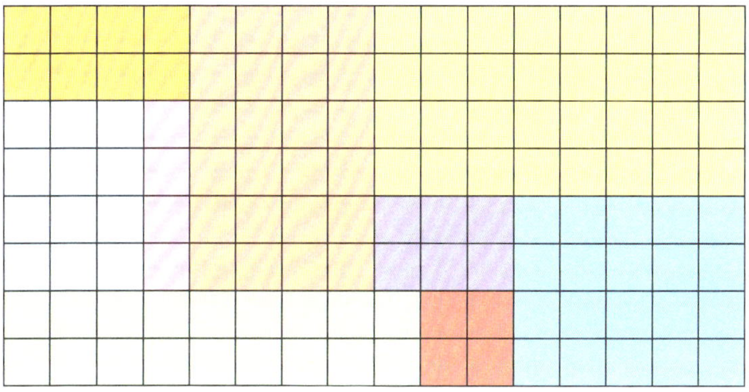

$2 \cdot 4 =$

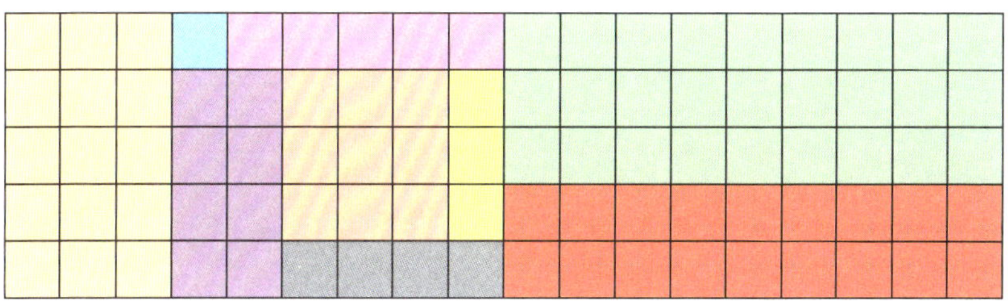

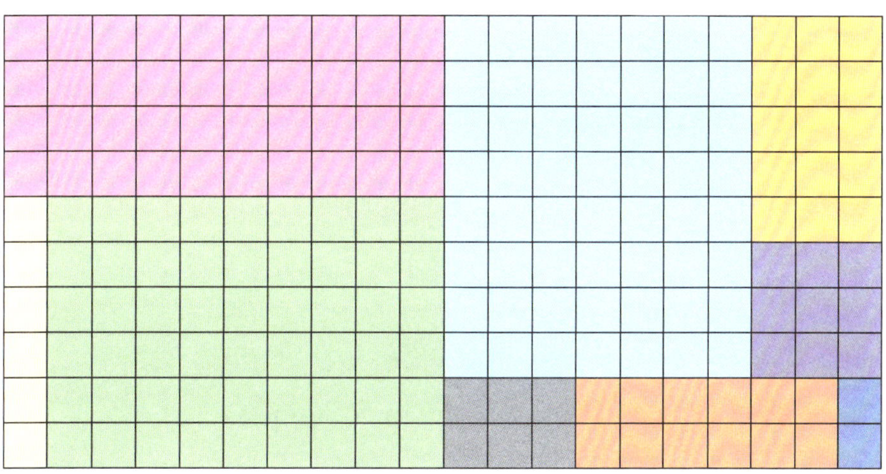

Ich kann Malaufgaben in Rechtecken und Quadraten finden.

Malaufgaben Rechteck und Quadrat

1. Wie viele Plättchen passen insgesamt in das Rechteck oder in das Quadrat?
Zeichne ein.
Schreibe eine Malaufgabe auf und rechne sie aus.
Gibt es noch eine andere passende Malaufgabe? Welche?

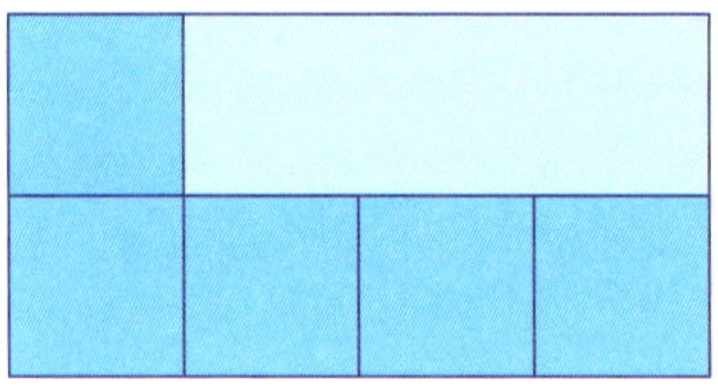

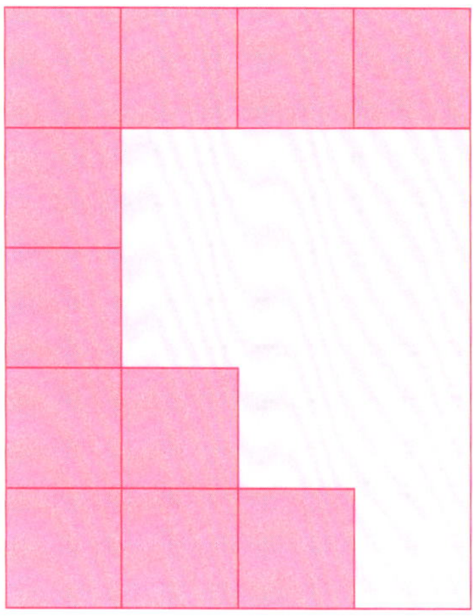

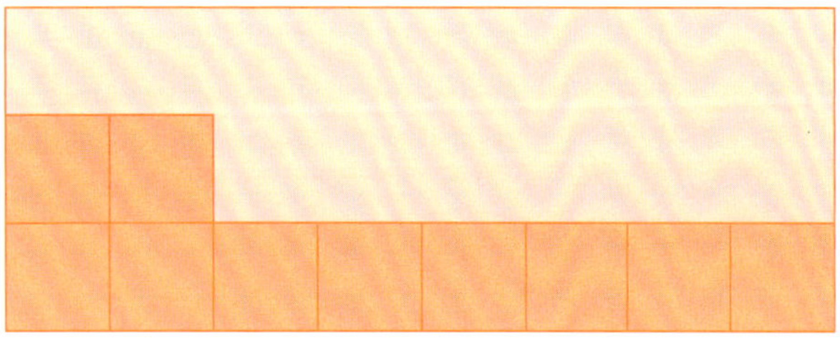

Einmaleins-Tafel

Hinweis:
Im Lösungsheft auf Seite 11 findest du eine zusätzliche Einmaleins-Tafel. Hast du eine Malreihe gelernt? Male sie an! Du kannst sehen, wie dein Wissen wächst.

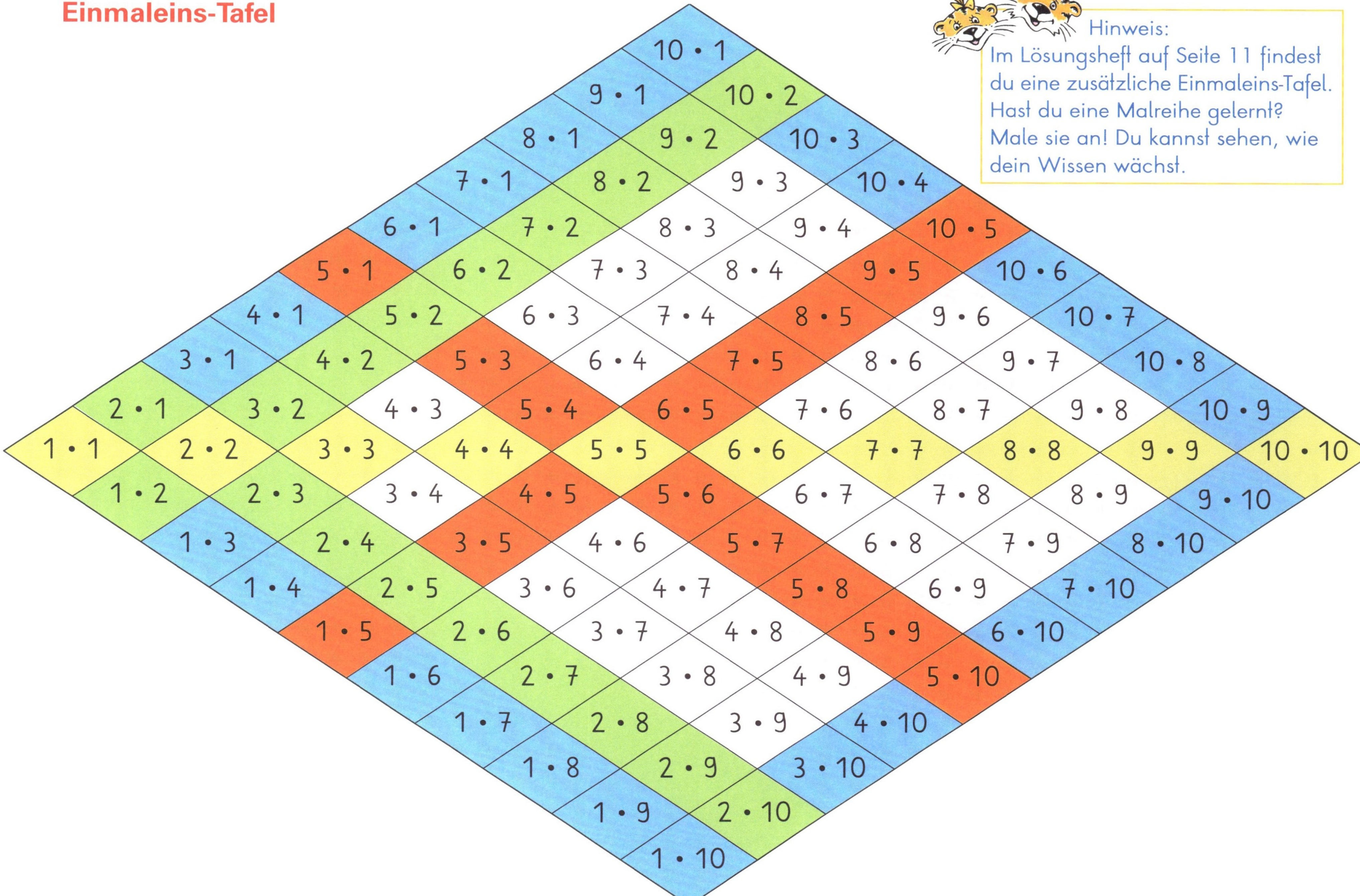

Lernen mit Teo & Tia

Deutsch und Mathematik für die Volksschule

ISBN 978-3-7074-2201-6
€ 12,95

ISBN 978-3-7074-2205-4
€ 9,95

ISBN 978-3-7074-2206-1
€ 12,95

Die österreichische Erstlesereihe

LESEZUG

ISBN 978-3-7074-2241-2
€ 9,95

ISBN 978-3-7074-2142-2
€ 9,95

ISBN 978-3-7074-2093-7
€ 9,95

ISBN 978-3-7074-2094-4
€ 9,95

ISBN 978-3-7074-2002-9
€ 9,95

ISBN 978-3-7074-2066-1
€ 9,95

Arbeite das Buch der Reihe nach, Seite für Seite durch. Hast du eine Seite geschafft, klebe oben einen Sticker ein (grauer Tigerkopf). So kannst du sehen, wie dein Wissen Sticker für Sticker wächst!

2. Klasse Volksschule

Lernen mit Teo & Tia

Einmaleins-Trainer

Das Malrechnen gezielt trainieren!

Lösungen

G&G

Vor dem Einmaleins

Dieselben Ziffern 1 2 3 4 5 6 7 8 9 haben je nach ihrer Stelle einmal den Wert für Zehner oder den Wert für Einer.

Z	E
3	0

Z	E
	3

Lege oder zeichne die Zahl 40 mit Zehnerstangen.

4Z

Nun nimm 4 weg.

Z	E		E
4	0	–	4

Da muss vorher 1 Zehner von den 4 Zehnern in 10 Einer umgetauscht werden.

Z	E		E		Z	E
4	0	–	4	=	3	6

1. Zeichne und löse.

30 – 3			30 – 3 = 27
60 – 6			60 – 6 = 54
80 – 8			80 – 8 = 72
20 – 2			20 – 2 = 18
50 – 5			50 – 5 = 45

2. Zeichne und löse wie oben. Arbeite in dein Heft. 70 – 7 40 – 4 90 – 9

Ich lege 6 Zehnerstangen und teile diese in 2 Hälften.

60 → 30 30

Ich lege 7 Zehnerstangen und teile diese auch in 2 Hälften.

70 → 35 35

6 Zehner lassen sich gut halbieren.
1 Zehner muss in 10 Einer getauscht werden.
10 Einer werden zu 5 Einer + 5 Einer halbiert.

3. Halbiere.

60 → 30 30; 30 → 15 15; 20 → 10 10; 50 → 25 25

80 → 40 40; 40 → 20 20; 90 → 45 45; 70 → 35 35

4. Löse durch Halbieren.

70 = 35 + 35 40 = 20 + 20 20 = 10 + 10 90 = 45 + 45

50 = 25 + 25 80 = 40 + 40 60 = 30 + 30 30 = 15 + 15

5. Löse. Denke an das Ganze und die 2 Hälften.

90: 45 45 70: 35 35 50: 25 25 30: 15 15

Vor dem Einmaleins

Das 100-Punkte-Feld

Du findest ein großes Hunderterpunktefeld zum Ausschneiden in deinem Lösungsheft auf Seite 9.

1. Kreuze die passende Antwort an.

Aus wie vielen Punkten besteht das 100-Punkte-Feld?	50	100 ☒	1 000
Wie viele Zeilen/Reihen hat das 100-Punkte-Feld?	10 ☒	5	100
Wie viele Spalten hat das 100-Punkte-Feld?	10 ☒	5	100
Es sind 10 Reihen mit je 10 Punkten.	JA ☒		NEIN
Es sind 10 Spalten mit je 10 Punkten.	JA ☒		NEIN
Es sind 4 Felder mit je 25 Punkten.	JA ☒		NEIN
Es sind 2 Blöcke mit je 50 Punkten.	JA ☒		NEIN
100 = 10 + 10 + 10 + 10 + 10 + 10 + 10 + 10 + 10 + 10	JA ☒		NEIN
5 ganze Reihen sind 100 Punkte.	JA		NEIN ☒
70 sind 7 ganze Spalten.	JA ☒		NEIN
Nach 5 Punkten ist immer ein Abstand.	JA ☒		NEIN

2. Wo kann man Zehner entdecken?
Kreise unterschiedliche Möglichkeiten ein. Mögliche Lösungen:

3. Schreibe die Anzahl darunter.

3 Zehner = 30 2 Z = 20 4 Z = 40 5 Z = 50 3 Z = 30

Verstehe das Einmaleins – Teil 1

Spiel: Wer hat die meisten Würfelpunkte?

Für dieses Spiel brauchst du mindestens 10 Würfel.
Würfle mit allen Würfeln auf einmal.
Ordne die Würfel nach der Augenzahl und schreibe die Rechnungen auf.
Beispiel:

gewürfelt: geordnet:

2 + 2 + 2 = 6
Du hast 3 mal ⚁ gewürfelt.
5 + 5 + 5 + 5 = 20
Du hast 4 mal ⚄ gewürfelt.
3 + 3 + 3 = 9
Du hast 3 mal ⚂ gewürfelt.

1. Das haben Kinder gewürfelt:

⚁⚁⚁ 3 mal immer 2 → 3 · 2

⚃⚃⚃⚃⚃ 5 mal immer 4 → 5 · 4

⚂⚂⚂⚂⚂⚂⚂ 7 mal immer 3 → 7 · 3

⚅⚅⚅⚅ 4 mal immer 6 → 4 · 6

2. Zeichne 3 mal immer 4 Punkte. Schreibe als Malrechnung. 3 · 4

Zeichne 8 mal immer 3 Punkte. Schreibe als Malrechnung. 8 · 3

Zeichne 6 mal immer 5 Punkte. Schreibe als Malrechnung. 6 · 5

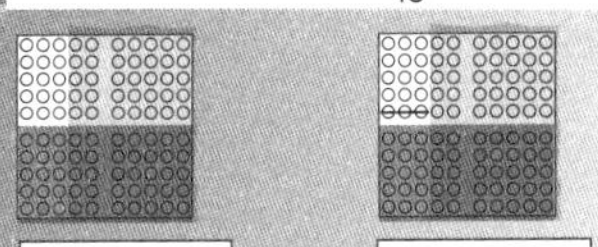

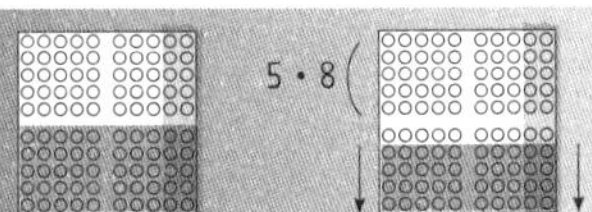

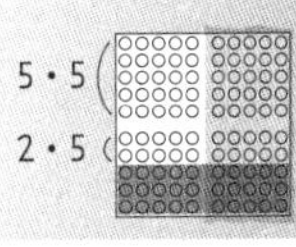

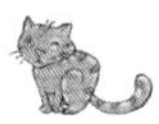

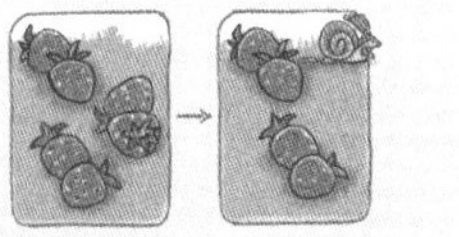

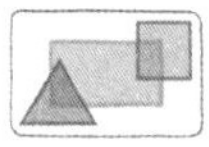

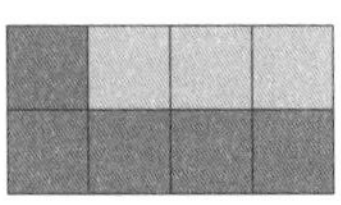

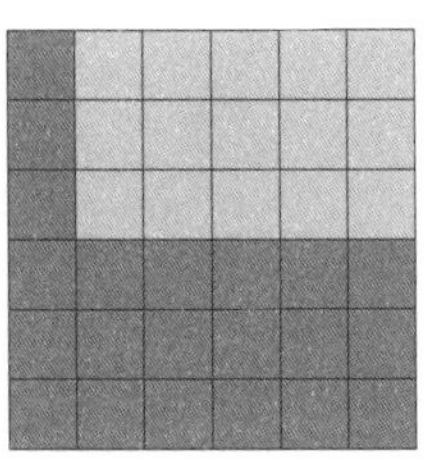

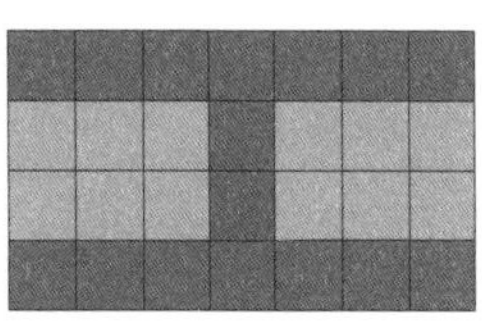

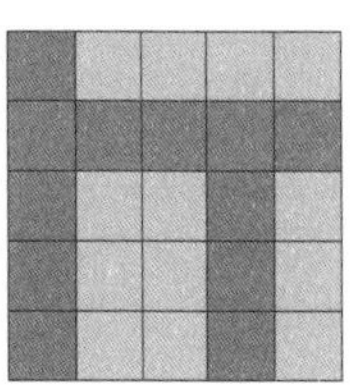

Verstehe das Einmaleins – Teil 1

1. Welche Rechnung erkennst du? Schreibe sie in das Kästchen.

4 · 5	3 · 3	5 · 4
3 · 9	2 · 7	5 · 8

2. Zeichne.

3 · 7	4 · 3	5 · 2
8 · 4	6 · 2	7 · 3

3. Schau genau! Hier sind Malaufgaben und Plusaufgaben. Schreibe die Rechnung in das Kästchen.

3 · 6	2 + 8	4 · 3
4 + 5	6 · 2	7 + 5

4. Richtig oder falsch? Kreuze an.

3 · 9 ○ stimmt ☒ stimmt nicht	4 · 7 ○ stimmt ☒ stimmt nicht
1 · 8 ○ stimmt ☒ stimmt nicht	2 · 4 ☒ stimmt ○ stimmt nicht

5. Schreibe die Malrechnung auf.

8 + 8 + 8 + 8 + 8 = 5 · 8

4 + 4 + 4 + 4 + 4 + 4 + 4 = 7 · 4

7 + 7 + 7 + 7 = 4 · 7

6. Schreibe die Plusrechnung auf.

5 · 3 = 3 + 3 + 3 + 3 + 3

4 · 12 = 12 + 12 + 12 + 12

3 · 9 = 9 + 9 + 9

7. Welche Rechnung kann man schneller aufschreiben?

⊗ Malrechnung ○ Plusrechnung

8. Nimm 12 Plättchen (Glasnuggets, Steinchen). Wenn du sie unterschiedlich anordnest, ergeben sich daraus verschiedene Malrechnungen.

3 · 4	→ 4 · 3	→ 2 · 6	→ 6 · 2	→ Findest du noch weitere Lösungen?

Im Lösungsheft auf Seite 10 findest du einen großen Raster. Schiebe die Plättchen von einem Feld ins nächste. „Baue" die Malrechnungen. Wiederhole die Übung mit 16, 24 und 9 Plättchen.

Die Einmaleins-Tafel

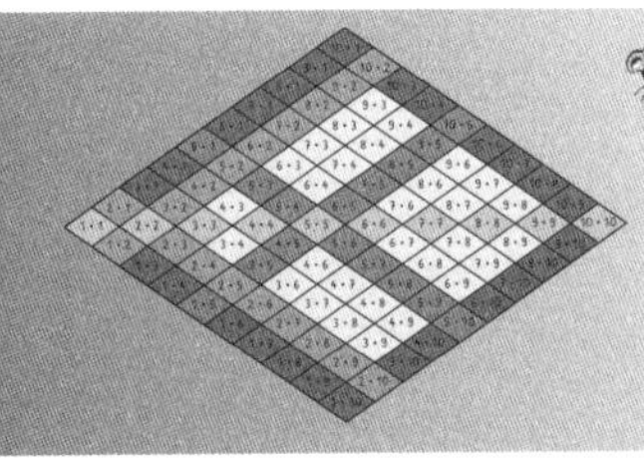

Auf der Tafel sind alle Aufgaben des Einmaleins.

Tipp: Du findest eine Einmaleins-Tafel zum Ausschneiden im Buch auf Seite 31. Schaue dir diese Tafel in Ruhe an.

1. Muster: Die gelben Aufgaben verlaufen durch die Mitte, die roten kreuzen sich.

Setze die Aufgaben fort: 2 · 1 | 2 · 2 | 2 · 3 | 2 · 4, 2 · 5, 2 · 6, 2 · 7, 2 · 8, 2 · 9, 2 · 10

Suche die Tauschaufgaben zu oben und schreibe weiter: 1 · 2 | 2 · 2 | 3 · 2 | 4 · 2, 5 · 2, 6 · 2, 7 · 2, 8 · 2, 9 · 2, 10 · 2

Schreibe die roten Aufgaben auf: 1 · 5, 3 · 5, 4 · 5, 6 · 5, 7 · 5, 8 · 5, 9 · 5, 10 · 5, 5 · 1, 5 · 3, 5 · 4, 5 · 6, 5 · 7, 5 · 8, 5 · 9, 5 · 10

Was fällt dir bei den roten Aufgaben auf? Alle Aufgaben enthalten die Ziffer 5. Es handelt sich um Aufgaben und Tauschaufgaben.

Angrenzende Aufgaben sind Nachbaraufgaben. Welche Aufgaben grenzen an 6 · 6? 7 · 6 6 · 7 5 · 6 6 · 5

Mögliche Lösung für nebeneinanderliegende Aufgaben: 1 · 2 | 2 · 3 | 3 · 4

Mögliche Lösung für untereinanderliegende Aufgaben: 10 · 1 | 9 · 2 | 8 · 3

Finde Aufgaben, bei denen die zweite Zahl 7 ist. 1 · 7, 2 · 7, 3 · 7...

Die Quadratzahlaufgaben sind in der Mitte und gehen von der Ecke links bis zur Ecke rechts. Schreibe sie auf: 1 · 1, 2 · 2, 3 · 3, 4 · 4, 5 · 5, 6 · 6, 7 · 7, 8 · 8, 9 · 9, 10 · 10

2. Suche andere Muster auf der Einmaleins-Tafel und schreibe sie auf.

Verstehe das Einmaleins – Teil 2

Ich sehe 3 · 5. Ich sehe 5 · 3.

Tia sieht 3 Reihen mit jeweils 5 Punkten. Das ist richtig!

Teo sieht 5 Reihen mit jeweils 3 Punkten. Das ist auch richtig!

1. Welche Malrechnungen kannst du hier erkennen?

4 · 2 2 · 4	4 · 5 5 · 4	4 · 8 8 · 4
3 · 4 4 · 3	2 · 7 7 · 2	3 · 6 6 · 3

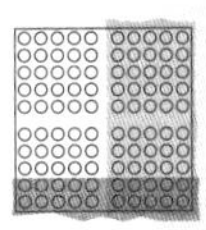

Am **100-Punkte-Feld** kann man Malaufgaben darstellen.
Hier siehst du die Rechnung 8 · 5.
Wir schieben immer die erste Zahl nach unten (blaue Folie), die zweite Zahl von links nach rechts (rosa Folie).
Tipp: Ein großes 100-Punkte-Feld ist im Lösungsheft auf Seite 9.

2. Stelle die Malrechnung mit zwei Blättern dar und bemale.

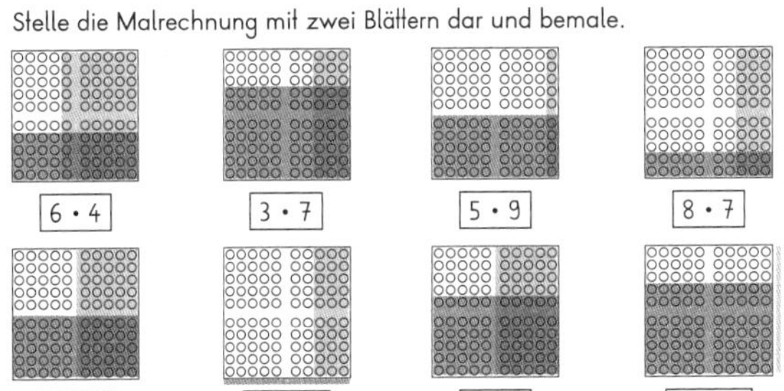

6 · 4	3 · 7	5 · 9	8 · 7
5 · 5	10 · 7	4 · 5	3 · 10

Malaufgaben mit 2

Ich kann hier 4 + 4 rechnen.
4 PLUS 4 = 8

Ich kann auch 2 • 4 rechnen.
2 MAL 4 = 8

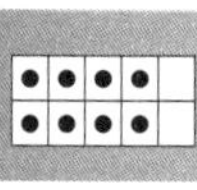

4 + 4 = 2 • 4 = 8

1. Schreibe die Verdoppelungsaufgaben als Malaufgaben.

5 + 5 | 3 + 3 | 6 + 6 | 8 + 8 | 4 + 4 | 9 + 9 | 7 + 7 | 2 + 2 | 10 + 10

5 + 5 = 2 • 5 = 10 | 8 + 8 = 2 • 8 = 16 | 7 + 7 = 2 • 7 = 14
3 + 3 = 2 • 3 = 6 | 4 + 4 = 2 • 4 = 8 | 2 + 2 = 2 • 2 = 4
6 + 6 = 2 • 6 = 12 | 9 + 9 = 2 • 9 = 18 | 10 + 10 = 2 • 10 = 20

2. Finde die Aufgabe und die Tauschaufgabe.

Tia sieht 2 • 6 = 12
Teo sieht 6 • 2 = 12

2 • 4 = 8
4 • 2 = 8

2 • 7 = 14
7 • 2 = 14

2 • 3 = 6
3 • 2 = 6

2 • 5 = 10
5 • 2 = 10

2 • 2 = 4
2 • 2 = 4

2 • 8 = 16
8 • 2 = 16

2 • 10 = 20
10 • 2 = 20

2 • 9 = 18
9 • 2 = 18

3. Warum haben Tauschaufgaben das gleiche Ergebnis?

Bei Malaufgaben darf die Reihenfolge der Zahlen vertauscht werden.

Malaufgaben mit 10

10 • 3 = 30 kann ich am 100-Punkte-Feld darstellen.

In 10 • 3 = 30 kann ich auch 3 • 10 = 30 erkennen.

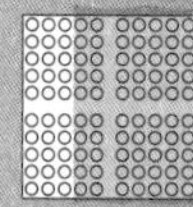

Tia schaut von dieser Seite. 3 • 10

Teo schaut von dieser Seite. 10 • 3

1. Löse die Malaufgaben mit 10. Stelle sie am 100-Punkte-Feld dar. Nimm ein Blatt Papier und decke ab, sodass du die folgenden Darstellungen siehst.

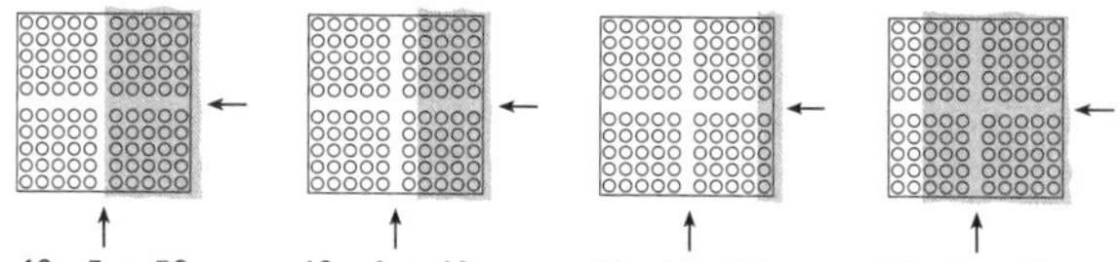

10 • 5 = 50 | 10 • 6 = 60 | 10 • 9 = 90 | 10 • 2 = 20
5 • 10 = 50 | 6 • 10 = 60 | 9 • 10 = 90 | 2 • 10 = 20

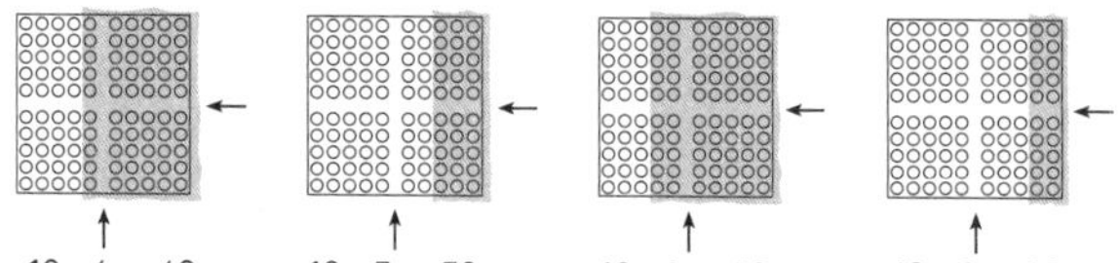

10 • 4 = 40 | 10 • 7 = 70 | 10 • 3 = 30 | 10 • 8 = 80
4 • 10 = 40 | 7 • 10 = 70 | 3 • 10 = 30 | 8 • 10 = 80

2. Suche die Tauschaufgabe und löse.

10 • 3 = 30	10 • 7 = 70	10 • 5 = 50	10 • 4 = 40	10 • 9 = 90
3 • 10 = 30	7 • 10 = 70	5 • 10 = 50	4 • 10 = 40	9 • 10 = 90
10 • 2 = 20	10 • 8 = 80	10 • 10 = 100	10 • 1 = 10	10 • 6 = 60
2 • 10 = 20	8 • 10 = 80	10 • 10 = 100	1 • 10 = 10	6 • 10 = 60

Malaufgaben mit 5

10 • 4 = 40 kann ich am 100-Punkte-Feld darstellen.

Dann halbiere ich. Eine Hälfte ist nun 5 • 4.
5 • 4 = 20 Die Hälfte von 40 ist 20.

40 → 20, 20

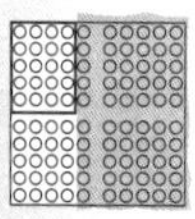

1. Löse die Malaufgaben mit 10 und mit 5. Stelle sie am 100-Punkte-Feld dar.

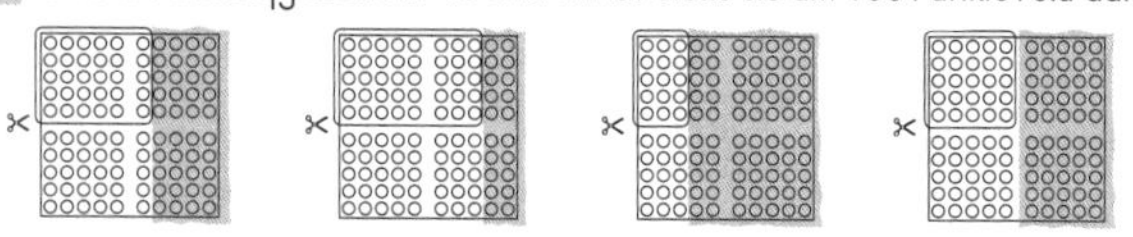

10 • 6 = 60 | 10 • 8 = 80 | 10 • 3 = 30 | 10 • 5 = 50
5 • 6 = 30 | 5 • 8 = 40 | 5 • 3 = 15 | 5 • 5 = 25

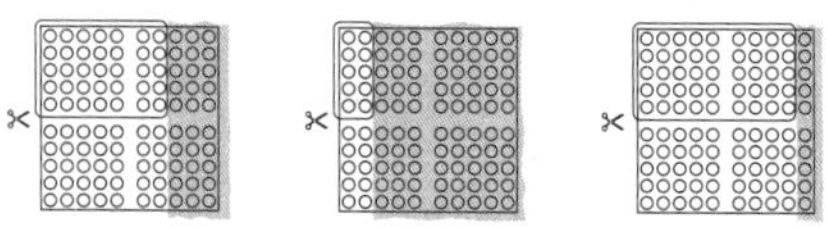

10 • 7 = 70 | 10 • 2 = 20 | 10 • 9 = 90
5 • 7 = 35 | 5 • 2 = 10 | 5 • 9 = 45

Das Ergebnis der 5-mal-Aufgabe ist halb so groß wie das der 10-mal-Aufgabe.

2. Suche die Tauschaufgabe und löse.

5 • 3 = 15	5 • 7 = 35	5 • 5 = 25	5 • 4 = 20	5 • 9 = 45
3 • 5 = 15	7 • 5 = 35	5 • 5 = 25	4 • 5 = 20	9 • 5 = 45
5 • 2 = 10	5 • 8 = 40	5 • 10 = 50	5 • 1 = 5	5 • 6 = 30
2 • 5 = 10	8 • 5 = 40	10 • 5 = 50	1 • 5 = 5	6 • 5 = 30

3. Diese Königsaufgaben sind leicht zu merken.

1 • 8 = 8	1 • 3 = 3	1 • 5 = 5	1 • 7 = 7	1 • 9 = 9
2 • 8 = 16	2 • 3 = 6	2 • 5 = 10	2 • 7 = 14	2 • 9 = 18
5 • 8 = 40	5 • 3 = 15	5 • 5 = 25	5 • 7 = 35	5 • 9 = 45
10 • 8 = 80	10 • 3 = 30	10 • 5 = 50	10 • 7 = 70	10 • 9 = 90

Malaufgaben mit 9

Malaufgaben mit 10 kann ich gut.
Wie soll ich die 9-mal-Aufgaben lösen?

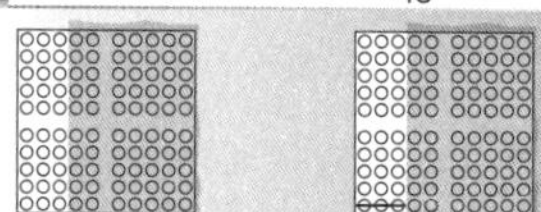

Für 9 • 3 muss man 3 wegnehmen. Überlege, wie viel du jeweils wegnehmen musst.

10 • 3 = 30 | 30 − 3 = 27 → 9 • 3 = 27

1. Löse die Malaufgaben. Zeichne am 100-Punkte-Feld wie Tia ein.

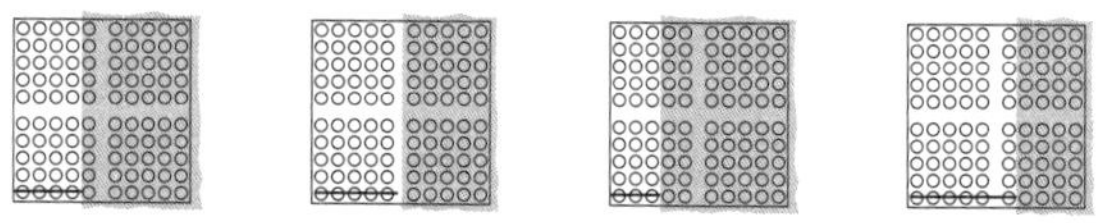

10 • 4 = 40 | 10 • 5 = 50 | 10 • 3 = 30 | 10 • 6 = 60
9 • 4 = 36 | 9 • 5 = 45 | 9 • 3 = 27 | 9 • 6 = 54

10 • 7 = 70 | 10 • 9 = 90 | 10 • 8 = 80 | 10 • 2 = 20
9 • 7 = 63 | 9 • 9 = 81 | 9 • 8 = 72 | 9 • 2 = 18

2. Wie löst man diese Aufgaben? Suche die Hilfsrechnung.

9 • 7 = 63	9 • 4 = 36	9 • 6 = 54	9 • 9 = 81	
10 • 7 = 70	10 • 4 = 40	10 • 6 = 60	10 • 9 = 90	
9 • 2 = 18	9 • 8 = 72	9 • 3 = 27	9 • 1 = 9	9 • 5 = 45
10 • 2 = 20	10 • 8 = 80	10 • 3 = 30	10 • 1 = 10	10 • 5 = 50

3. Wie kannst du die Aufgabe 3 • 9 lösen?

Ich löse die Aufgabe mit der Tauschaufgabe 9 • 3. → 9 • 3 = 27

Malaufgaben mit 4

Malaufgaben mit 5 kann ich gut.
Wie soll ich die 4-mal-Aufgaben lösen?

Für 4 • 3 muss man 3 wegnehmen. Überlege, wie viel du jeweils wegnehmen musst.

5 • 3 = 15 | 15 – 3 = 12 → 4 • 3 = 12

1. Löse die Malaufgaben. Zeichne am 100-Punkte-Feld wie Teo ein.

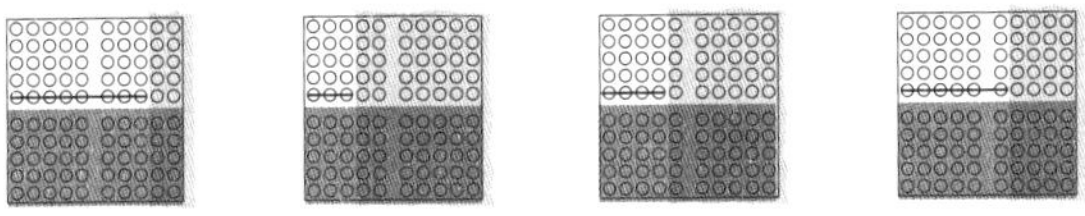

5 • 8 = 40	5 • 3 = 15	5 • 4 = 20	5 • 6 = 30
4 • 8 = 32	4 • 3 = 12	4 • 4 = 16	4 • 6 = 24

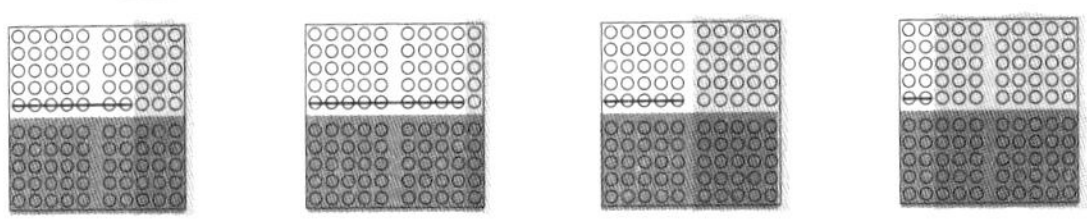

5 • 7 = 35	5 • 9 = 45	5 • 5 = 25	5 • 2 = 10
4 • 7 = 28	4 • 9 = 36	4 • 5 = 20	4 • 2 = 8

2. Wie löst man diese Aufgaben? Suche die Hilfsrechnung.

4 • 7 = 28	4 • 8 = 32	4 • 5 = 20	4 • 9 = 36	
5 • 7 = 35	5 • 8 = 40	5 • 5 = 25	5 • 9 = 45	
4 • 2 = 8	4 • 4 = 16	4 • 3 = 12	4 • 1 = 4	4 • 6 = 24
5 • 2 = 10	5 • 4 = 20	5 • 3 = 15	5 • 1 = 5	5 • 6 = 30

3. Wie kannst du die Aufgabe 7 • 4 lösen?

Ich löse die Aufgabe mit der Tauschaufgabe 4 • 7. → 4 • 7 = 28

Malaufgaben mit 3

Malaufgaben mit 2 kann ich gut.
2 • 4 = 8

Ich möchte 3 • 4 wissen. Die blaue Folie wird um 1 • 4 hinuntergeschoben.
2 • 4 = 8 → 4 dazu → 3 • 4 = 12

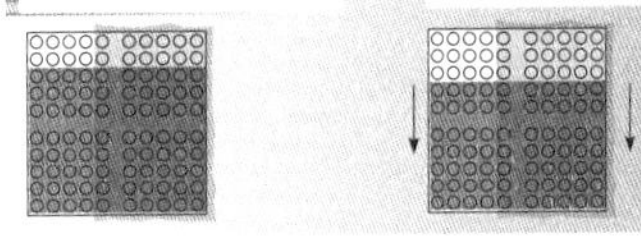

1. Zuerst die Königsaufgabe 2 mal, dann noch 1 mal dazu.

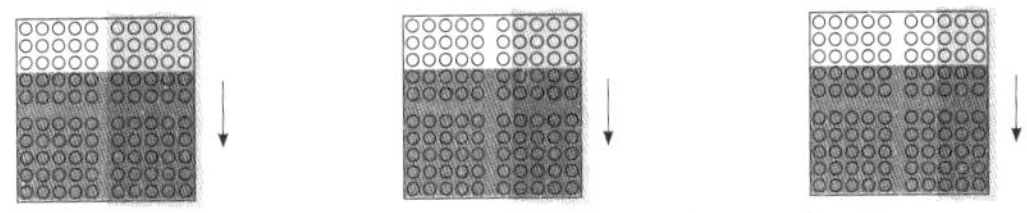

2 • 5 = 10 → 5 dazu	2 • 6 = 12 → 6 dazu	2 • 7 = 14 → 7 dazu
3 • 5 = 15	3 • 6 = 18	3 • 7 = 21

2. Die Königsaufgabe 2 mal hilft dir.

3 • 4 = 12 weil 2 • 4 = 8 und 4 dazu.
3 • 7 = 21 weil 2 • 7 = 14 und 7 dazu.
3 • 3 = 9 weil 2 • 3 = 6 und 3 dazu.
3 • 8 = 24 weil 2 • 8 = 16 und 8 dazu.
3 • 6 = 18 weil 2 • 6 = 12 und 6 dazu.

3. Suche die Tauschaufgabe und löse.

3 • 1 = 3	3 • 4 = 12	3 • 2 = 6	3 • 0 = 0	3 • 9 = 27
1 • 3 = 3	4 • 3 = 12	2 • 3 = 6	0 • 3 = 0	9 • 3 = 27

4. Nun kannst du schon viele Malrechnungen lösen.

2 • 7 = 14	10 • 3 = 30	5 • 4 = 20	9 • 3 = 27	4 • 4 = 16
2 • 9 = 18	10 • 7 = 70	5 • 7 = 35	9 • 1 = 9	4 • 9 = 36
2 • 3 = 6	10 • 4 = 40	5 • 2 = 10	9 • 0 = 0	4 • 5 = 20
2 • 8 = 16	10 • 6 = 60	5 • 9 = 45	9 • 9 = 81	4 • 8 = 32

Malaufgaben mit 6

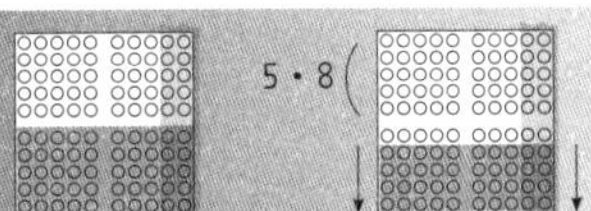

Das ist 5 • 8.

Ich habe 1 • 8 dazugegeben.
Nun sehe ich 6 • 8.
5 • 8 = 40 → 8 dazu → 6 • 8 = 48

1. Rechne wie Teo zuerst 5 mal, dann 6 mal.

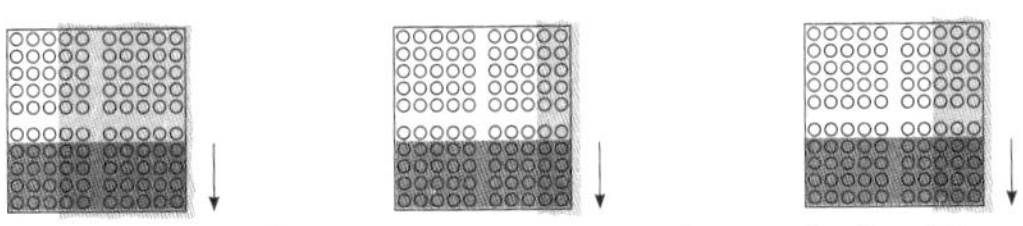

5 • 3 = 15 → 3 dazu	5 • 8 = 40 → 8 dazu	5 • 7 = 35 → 7 dazu
6 • 3 = 18	6 • 8 = 48	6 • 7 = 42

2. 6 • 4 = 24 weil 5 • 4 = 20 und 4 dazu.
6 • 6 = 36 weil 5 • 6 = 30 und 6 dazu.
6 • 8 = 48 weil 5 • 8 = 40 und 8 dazu.
6 • 3 = 18 weil 5 • 3 = 15 und 3 dazu.
6 • 9 = 54 weil 5 • 9 = 45 und 9 dazu.
6 • 5 = 30 weil 5 • 5 = 25 und 5 dazu.

3. Du kannst auch so überlegen: 3 mal hilft bei 6 mal.

3 • 3 = 9, verdopple auf 6 • 3 = 18	3 • 8 = 24, verdopple auf 6 • 8 = 48
3 • 4 = 12, verdopple auf 6 • 4 = 24	3 • 6 = 18, verdopple auf 6 • 6 = 36
3 • 2 = 6, verdopple auf 6 • 2 = 12	3 • 9 = 27, verdopple auf 6 • 9 = 54
3 • 5 = 15, verdopple auf 6 • 5 = 30	3 • 7 = 21, verdopple auf 6 • 7 = 42

4. Suche die Tauschaufgabe und löse.

6 • 1 = 6	6 • 8 = 48	6 • 2 = 12	6 • 3 = 18	6 • 7 = 42
1 • 6 = 6	8 • 6 = 48	2 • 6 = 12	3 • 6 = 18	7 • 6 = 42

Malaufgaben mit 7

Wie kann ich 7 • 5 lösen?

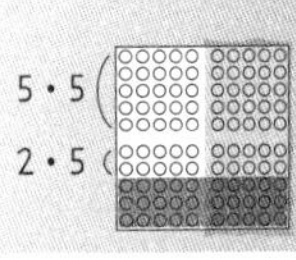

Ich denke an 5 • 5 und dazu noch 2 • 5, also insgesamt 7 • 5 = 35.

1. Rechne wie Teo zuerst 5 mal, dann plus 2 mal.

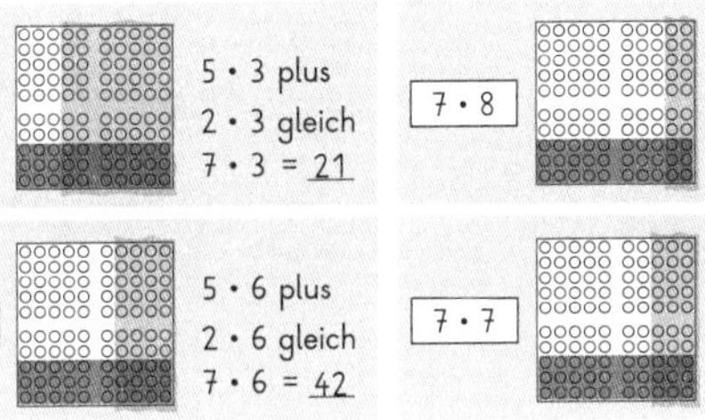

7 • 3	7 • 8
5 • 3 plus	5 • 8 plus
2 • 3 gleich	2 • 8 gleich
7 • 3 = 21	7 • 8 = 56
7 • 6	**7 • 7**
5 • 6 plus	5 • 7 plus
2 • 6 gleich	2 • 7 gleich
7 • 6 = 42	7 • 7 = 49

2. Welche Rechnungen können dir helfen?

7 • 4 = 28 Hilfe: 5 • 4 + 2 • 4	7 • 3 = 21 Hilfe: z.B. 5 • 3 + 2 • 3
7 • 9 = 63 Hilfe: z.B. 9 • 7	7 • 6 = 42 Hilfe: z.B. 5 • 6 + 2 • 6
7 • 2 = 14 Hilfe: z.B. 2 • 7	7 • 10 = 70 Hilfe: z.B. 10 • 7

3. Suche die Tauschaufgabe und löse.

7 • 4 = 28	7 • 3 = 21	7 • 2 = 14	7 • 5 = 35	7 • 9 = 63
4 • 7 = 28	3 • 7 = 21	2 • 7 = 14	5 • 7 = 35	9 • 7 = 63

4. Nun kannst du schon viele Malrechnungen lösen.

5 • 7 = 35	10 • 3 = 30	3 • 4 = 12	5 • 3 = 15	4 • 4 = 16
3 • 9 = 27	2 • 7 = 14	9 • 7 = 63	9 • 1 = 9	4 • 9 = 36
4 • 3 = 12	7 • 4 = 28	6 • 2 = 12	2 • 4 = 8	1 • 5 = 5
6 • 8 = 48	9 • 6 = 54	1 • 9 = 9	9 • 9 = 81	5 • 8 = 40

Malaufgaben mit 8

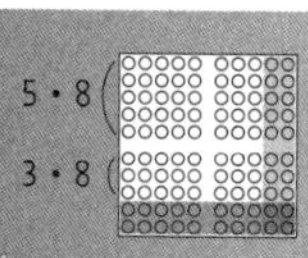

8 • 8 stelle ich mir so vor:
5 • 8 = 40 und dazu noch
3 • 8 = 24, also insgesamt
8 • 8 = 64.

Du kannst bei allen anderen Malrechnungen mit 8 einfach tauschen.

1. Löse die Aufgaben durch Vertauschen.

8 • 4 = 32 | 8 • 3 = 24 | 8 • 7 = 56 | 8 • 2 = 16 | 8 • 5 = 40
4 • 8 = 32 | 3 • 8 = 24 | 7 • 8 = 56 | 2 • 8 = 16 | 5 • 8 = 40

8 • 9 = 72 | 8 • 1 = 8 | 8 • 6 = 48 | 8 • 10 = 80 | 8 • 8 = 64
9 • 8 = 72 | 1 • 8 = 8 | 6 • 8 = 48 | 10 • 8 = 80

2. Suche die Tauschaufgabe und löse.

1 • 8 = 8 | 1 • 3 = 3 | 1 • 6 = 6 | 1 • 4 = 4 | 1 • 7 = 7
8 • 1 = 8 | 3 • 1 = 3 | 6 • 1 = 6 | 4 • 1 = 4 | 7 • 1 = 7

2 • 8 = 16 | 2 • 3 = 6 | 2 • 6 = 12 | 2 • 4 = 8 | 2 • 7 = 14
8 • 2 = 16 | 3 • 2 = 6 | 6 • 2 = 12 | 4 • 2 = 8 | 7 • 2 = 14

5 • 8 = 40 | 5 • 3 = 15 | 5 • 6 = 30 | 5 • 4 = 20 | 5 • 7 = 35
8 • 5 = 40 | 3 • 5 = 15 | 6 • 5 = 30 | 4 • 5 = 20 | 7 • 5 = 35

10 • 8 = 80 | 10 • 3 = 30 | 10 • 6 = 60 | 10 • 4 = 40 | 10 • 7 = 70
8 • 10 = 80 | 3 • 10 = 30 | 6 • 10 = 60 | 4 • 10 = 40 | 7 • 10 = 70

3. Welche Rechnungen helfen dir?

9 • 6 = 54 Hilfe: 10 • 6 = 60 | 9 • 3 = 27 Hilfe: z.B. 10 • 3
4 • 5 = 20 Hilfe: z.B. 5 • 5 | 7 • 3 = 21 Hilfe: z.B. 2 • 7 + 1 • 7
5 • 9 = 45 Hilfe: z.B. 10 • 9 | 4 • 6 = 24 Hilfe: z.B. 2 • 6
7 • 8 = 56 Hilfe: z.B. 5 • 8 + 2 • 8 | 8 • 4 = 32 Hilfe: z.B. 4 • 4
4 • 9 = 36 Hilfe: z.B. 9 • 4 | 9 • 7 = 63 Hilfe: z.B. 10 • 7
6 • 7 = 42 Hilfe: z.B. 5 • 7 + 1 • 7 | 7 • 6 = 42 Hilfe: z.B. 5 • 6 + 2 • 6

Besondere Malaufgaben

Quadratzahlaufgaben

Nimm dein 100-Punkte-Feld und stelle mit den beiden Folien folgende Aufgaben dar:

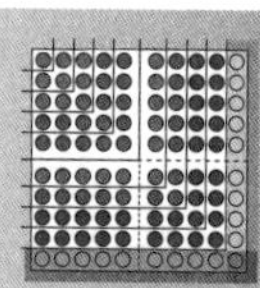

Die Punkte ergeben immer ein Quadrat.

1 • 1 = 1 | 2 • 2 = 4 | 3 • 3 = 9 | 4 • 4 = 16
5 • 5 = 25 | 6 • 6 = 36 | 7 • 7 = 49 | 8 • 8 = 64
9 • 9 = 81 | 10 • 10 = 100

Wenn du mit 0 multiplizierst, ist das Ergebnis immer 0.
→ eine Zahl mal 0 oder 0 mal eine Zahl = 0

1. 0 • 27 = 0 | 0 • 22 = 0 | 9 • 0 = 0 | 0 • 0 = 0
0 • 9 = 0 | 36 • 0 = 0 | 0 • 325 = 0 | 37 • 0 = 0
11 • 0 = 0 | 0 • 105 = 0 | 10 • 0 = 0 | 0 • 901 = 0

Wenn du mit 1 multiplizierst, ist das Ergebnis immer die Ausgangszahl.
→ eine Zahl mal 1 oder 1 mal eine Zahl = die Ausgangszahl

2. 1 • 6 = 6 | 92 • 1 = 92 | 0 • 1 = 0 | 1 • 8 = 8
3 • 1 = 3 | 1 • 54 = 54 | 11 • 1 = 11 | 22 • 1 = 22

3. Schau genau! Hier gibt es Mal-, Plus- und Minusaufgaben.

0 • 6 = 0 | 20 − 0 = 20 | 9 − 0 = 9 | 8 • 0 = 0
0 + 8 = 8 | 4 + 0 = 4 | 0 • 4 = 0 | 13 + 0 = 13
14 − 0 = 14 | 1 • 2 = 2 | 1 + 0 = 1 | 971 − 0 = 971

4. Finde passende Malaufgaben. Mögliche Lösungen*

4 • 6 = 24 | 5 • 4 = 20* | 9 • 9 = 81 | 3 • 4 = 12*
1 • 24 = 24 | 4 • 8 = 32* | 8 • 8 = 64 | 9 • 3 = 27*
8 • 3 = 24 | 3 • 6 = 18* | 4 • 4 = 16* | 7 • 8 = 56*
6 • 4 = 24* | 9 • 0 = 0* | 5 • 5 = 25 | 6 • 6 = 36*

Gemischte Malaufgaben

1. Welche Malaufgabe erkennst du? Schreibe sie auf und rechne aus.

3 • 5 = 15

10 • 2 = 20

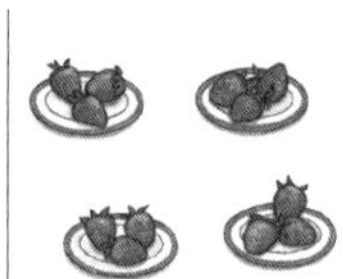

4 • 3 = 12

5 • 6 = 30

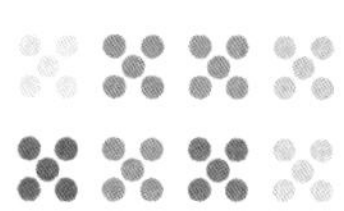

8 • 5 = 40

3 • 2 = 6

2. Schreibe die Malrechnungen an und rechne aus.

Wie viele Perlen hat Sabi?

4 • 8 = 32

Wie viele Sticker hat Paul?

6 • 5 = 30

Wie viele Murmeln hat Dani?

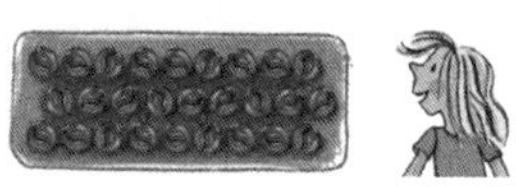

3 • 9 = 27

3. Finde passende Malaufgaben.

Wie viele Beine haben 5 Ameisen?

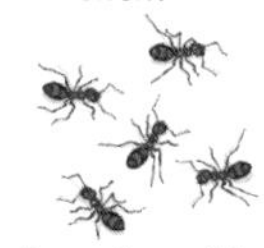

5 • 6 = 30

Wie viele Flügel haben 3 Vögel?

3 • 2 = 6

Wie viele Rüssel haben 4 Elefanten?

4 • 1 = 4

Wie viele Ohren haben 6 Hasen?

6 • 2 = 12

Wie viele Augen haben 8 Katzen?

8 • 2 = 16

Wie viele Beine haben 7 Hunde?

7 • 4 = 28

4. Finde Malaufgaben. Schreibe sie unter das Bild. Rechne aus.

3 • 3 = 9 Schnecken | 8 • 2 = 16 Ameisen | 3 • 4 = 12 Blumen
3 • 5 = 15 Blumen | 2 • 4 = 8 Würmer | 1 • 1 = 1 Vogel

Rechengeschichten mit Malaufgaben

1. Was ist passiert? Schreibe die Rechnungen auf und rechne sie aus.
Erfinde eine passende Geschichte.

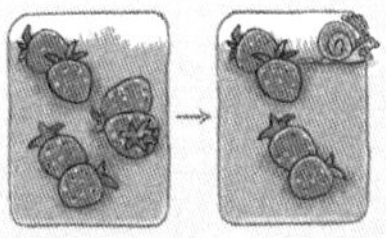

Rechnungen: 3 • 2 = 6   2 • 2 = 4

Geschichte: Die Schnecke hat 2 Erdbeeren gegessen.

Rechnungen: 2 • 2 = 4   2 • 0 = 0

Geschichte: Alle Kugeln wurden gegessen oder sind geschmolzen.

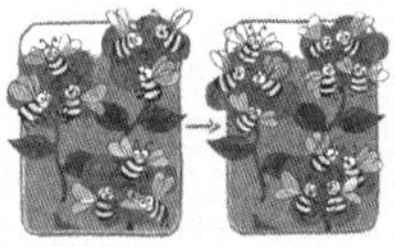

Rechnungen: 3 • 3 = 9   3 • 4 = 12

Geschichte: Eine Biene ist auf jeder Blume dazugekommen.

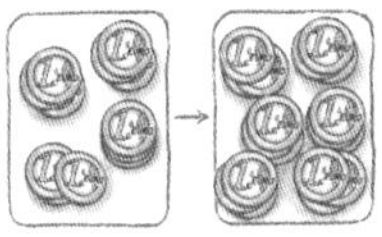

Rechnungen: 4 • 3 = 12   6 • 3 = 18

Geschichte: Teo hat Tia 2 • 3 = 6 Euromünzen geschenkt.

2. Blumenbeete: Schreibe die Rechnungen an und löse sie.

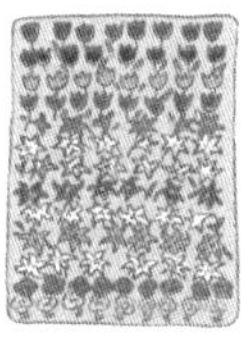

a. In einem Blumenbeet stehen 8 Tulpen nebeneinander.
Es gibt 4 Reihen. 4 • 8 = 32

b. Im nächsten Blumenbeet stehen 6 Lilien nebeneinander.
Es gibt 7 Reihen. 7 • 6 = 42

c. Im dritten Blumenbeet stehen 9 Rosen nebeneinander.
Es gibt 2 Reihen. 2 • 9 = 18

Sachaufgaben in der Schulklasse

1. In einer Schulklasse stehen 7 Bänke. Bei jeder Bank sitzen zwei Kinder.
Wie viele Kinder sind in der Klasse?
7 • 2 = 14
Antwort: Es sind 14 Kinder in der Klasse.

2. Die Hälfte der Kinder sind Mädchen. Wie viele Mädchen sind in der Klasse?
14 : 2 = 7
Antwort: Es sind 7 Mädchen in der Klasse.

3. Wie viele Buben sind in der Klasse?
Antwort: Es sind 7 Buben in der Klasse.

4. Auf jeder der 7 Bänke liegen 4 Bücher.
Wie viele Bücher liegen insgesamt auf den Bänken?
7 • 4 = 28
Antwort: Es liegen insgesamt 28 Bücher auf den Bänken.

5. Jedes Mädchen bekommt 5 Kärtchen mit unterschiedlichen Rechnungen.
Wie viele Kärtchen hat die Lehrerin ausgeteilt?
7 • 5 = 35
Antwort: Die Lehrerin hat 35 Kärtchen ausgeteilt.

6. Jeder Bub bekommt ein Arbeitsblatt. Wie viele Arbeitsblätter werden ausgeteilt?
7 • 1 = 7
Antwort: Es werden 7 Arbeitsblätter ausgeteilt.

Sachaufgaben Obst und Gemüse

1. Für den Transport werden die Erdäpfel in Säcke gefüllt.
Ein Sack wiegt 5 Kilogramm.

1 Sack	2 Säcke	4 Säcke	5 Säcke	8 Säcke	10 Säcke
5 kg	10 kg	20 kg	25 kg	40 kg	50 kg

2. In eine Eierschachtel passen 6 Eier.

1 Schachtel	3 Schachteln	5 Schachteln	6 Schachteln	8 Schachteln	9 Schachteln
6 Eier	18 Eier	30 Eier	36 Eier	48 Eier	54 Eier

3. In einem Netz sind 8 Orangen.

1 Netz	2 Netze	4 Netze	6 Netze	7 Netze	9 Netze
8 Orangen	16 Orangen	32 Orangen	48 Orangen	56 Orangen	72 Orangen

4. In einem Karton haben 9 Gurken Platz.

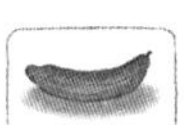

1 Karton	2 Kartons	3 Kartons	6 Kartons	8 Kartons	10 Kartons
9 Gurken	18 Gurken	27 Gurken	54 Gurken	72 Gurken	90 Gurken

5. In einer Packung befinden sich 7 Äpfel.

1 Packung	3 Packungen	4 Packungen	6 Packungen	7 Packungen	8 Packungen
7 Äpfel	21 Äpfel	28 Äpfel	42 Äpfel	49 Äpfel	56 Äpfel

6. In einem Sackerl sind 4 Birnen.

1 Sackerl	2 Sackerl	5 Sackerl	7 Sackerl	8 Sackerl	10 Sackerl
4 Birnen	8 Birnen	20 Birnen	28 Birnen	32 Birnen	40 Birnen

Sachaufgaben Einkaufen für die Schule

1. Finde Malrechnungen. Schreibe sie auf und rechne sie aus.

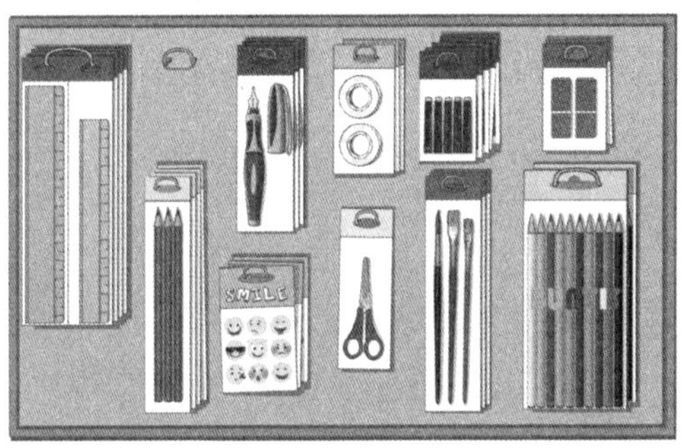

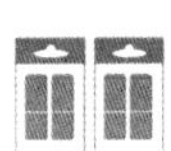

Beispiel: 2 + 2 = 4
2 • 2 = 4

4 • 2 = 8 Lineale	1 • 1 = 1 Schere
4 • 3 = 12 Bleistifte	3 • 2 = 6 Kleberollen
3 • 1 = 3 Füllfedern	5 • 5 = 25 Tintenpatronen
3 • 9 = 27 Sticker	3 • 3 = 9 Pinsel
1 • 0 = 0	2 • 10 = 20 Buntstifte

2. Suche die Malrechnungen und beschreibe sie.
Beispiel: 2 • 2   Zwei Packungen mit je zwei Radiergummis.

3 • 9   Drei Packungen mit je neun Stickern.
4 • 3   Vier Packungen mit je drei Bleistiften.
5 • 5   Fünf Packungen mit je fünf Tintenpatronen.

Sachaufgaben Geometrie und Maße

1. Würfel: Verbinde.

Vier Würfel haben ___ Flächen.	40
Fünf Würfel haben ___ Ecken.	64
Sieben Würfel haben ___ Flächen.	24
Acht Würfel haben ___ Ecken.	42

2. Flächen: Richtig oder falsch? Kreuze an. Stelle falsche Ergebnisse richtig.

	richtig	falsch	richtig ist
Acht Rechtecke haben 16 Ecken.		x	32
Acht Dreiecke haben 24 Ecken.	x		
Sieben Quadrate haben 49 Ecken.		x	28
Neun Rechtecke haben 36 Seiten.	x		
Sechs Quadrate haben 36 Seiten.		x	24

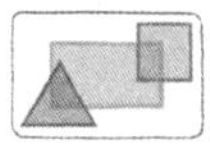

3. a. Wegstrecken: Tina geht mit ihrem Hund jeden Tag genau 2 Kilometer spazieren.
   Wie viele Kilometer geht Tina in einer Woche? 14 km

   b. Die Mama von Tom fährt mit dem Fahrrad in die Arbeit.
   Eine Strecke beträgt 4 Kilometer. 40 km
   Wie viele Kilometer fährt sie in einer Arbeitswoche (= 5 Tage)?
   Hinweis: Sie fährt zur Arbeit und auch wieder nach Hause.

   c. Die Zwillinge Samu und Sina kommen mit dem Bus zur Schule.
   Die Strecke von der Haltestelle zur Schule ist 3 Kilometer lang.
   Wie viele Kilometer fahren die Zwillinge in einer Schulwoche (= 5 Tage)?
   Hinweis: Sie fahren mit dem Bus auch wieder nach Hause. 30 km

4. Tia und Teo helfen bei der Ernte.
   a. a) 48 Kürbisse, b) 56 Kürbisse, c) 64 Kürbisse
   b. a) 20 Gurken, b) 50 Gurken, c) 100 Gurken
   c. 81 Salatköpfe

Einmaleins-Aufgaben finden

1. Die bunten Felder stellen Einmaleins-Aufgaben dar.
   Schreibe sie auf und rechne aus.

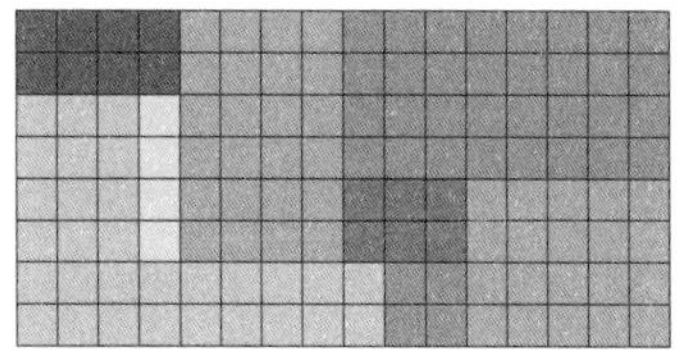

2 • 4 = 8 | 4 • 1 = 4 | 2 • 2 = 4
4 • 3 = 12 | 6 • 4 = 24 | 4 • 8 = 32
2 • 9 = 18 | 2 • 3 = 6 | 4 • 5 = 20

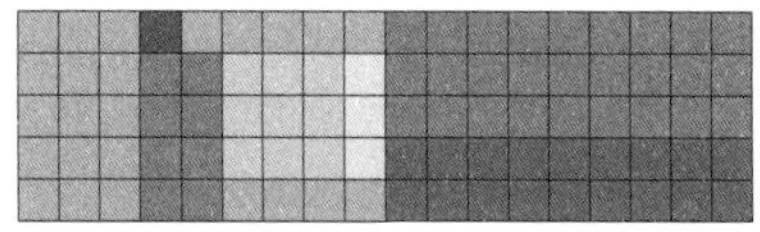

5 • 3 = 15 | 1 • 5 = 5 | 3 • 1 = 3
1 • 1 = 1 | 3 • 3 = 9 | 3 • 9 = 27
4 • 2 = 8 | 1 • 4 = 4 | 2 • 9 = 18

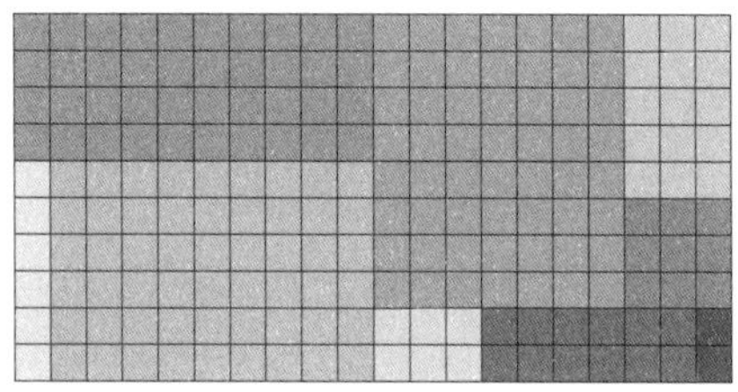

4 • 10 = 40 | 8 • 7 = 56 | 5 • 3 = 15
6 • 1 = 6 | 2 • 3 = 6 | 3 • 3 = 9
6 • 9 = 54 | 2 • 6 = 12 | 2 • 1 = 2

Malaufgaben Rechteck und Quadrat

1. Wie viele Plättchen passen insgesamt in das Rechteck oder in das Quadrat?
   Zeichne ein.
   Schreibe eine Malaufgabe auf und rechne sie aus.
   Gibt es noch eine andere passende Malaufgabe? Welche?

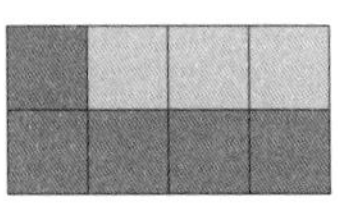

2 • 4 = 8
4 • 2 = 8

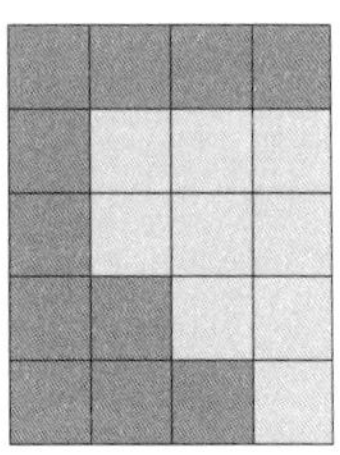

5 • 4 = 20
4 • 5 = 20

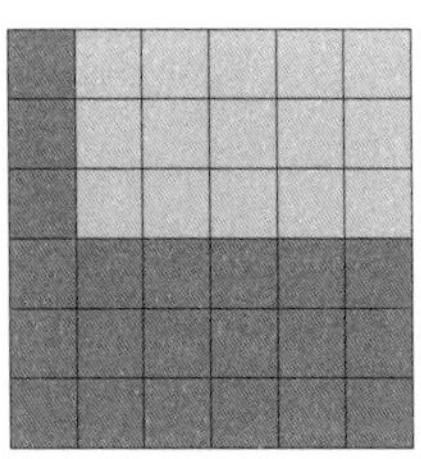

6 • 6 = 36

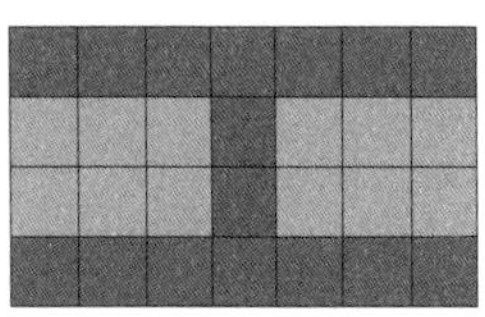

4 • 7 = 28
7 • 4 = 28

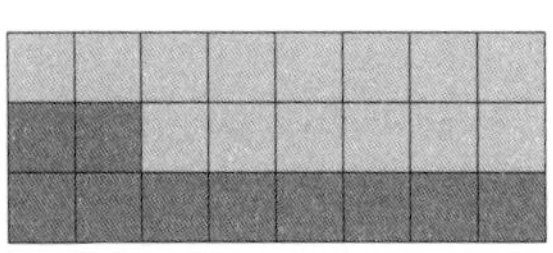

3 • 8 = 24
8 • 3 = 24

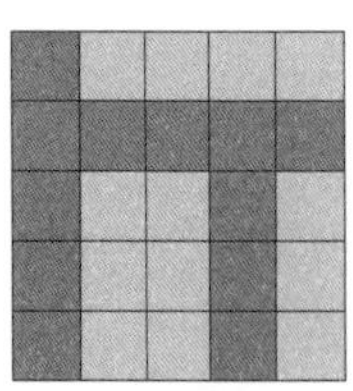

5 • 5 = 25

100-Punkte-Feld

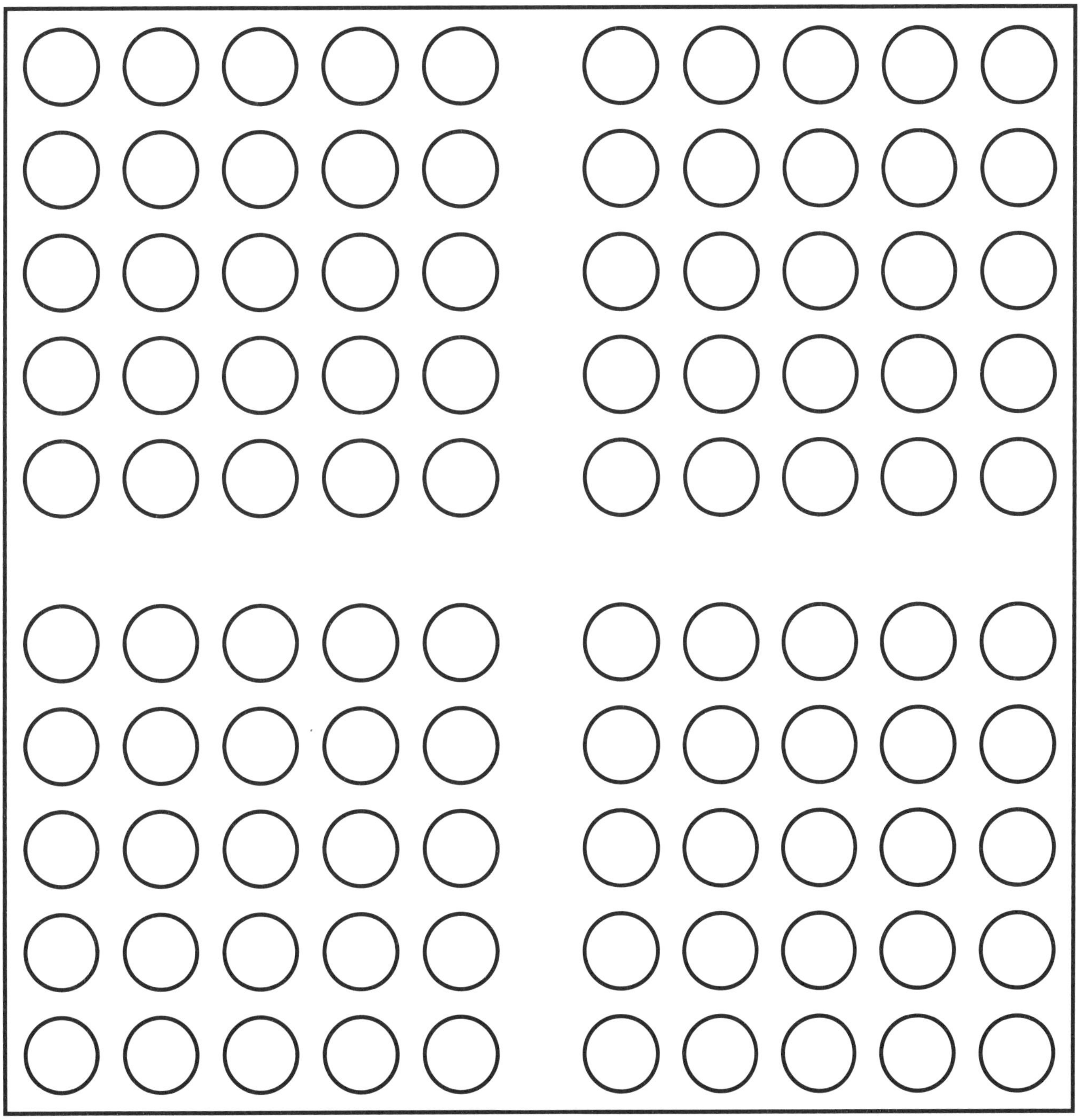

Seite 9, Aufgabe 8

Einmaleins-Tafel

1 • 1	1 • 2	1 • 3	1 • 4	1 • 5	1 • 6	1 • 7	1 • 8	1 • 9	1 • 10
2 • 1	2 • 2	2 • 3	2 • 4	2 • 5	2 • 6	2 • 7	2 • 8	2 • 9	2 • 10
3 • 1	3 • 2	3 • 3	3 • 4	3 • 5	3 • 6	3 • 7	3 • 8	3 • 9	3 • 10
4 • 1	4 • 2	4 • 3	4 • 4	4 • 5	4 • 6	4 • 7	4 • 8	4 • 9	4 • 10
5 • 1	5 • 2	5 • 3	5 • 4	5 • 5	5 • 6	5 • 7	5 • 8	5 • 9	5 • 10
6 • 1	6 • 2	6 • 3	6 • 4	6 • 5	6 • 6	6 • 7	6 • 8	6 • 9	6 • 10
7 • 1	7 • 2	7 • 3	7 • 4	7 • 5	7 • 6	7 • 7	7 • 8	7 • 9	7 • 10
8 • 1	8 • 2	8 • 3	8 • 4	8 • 5	8 • 6	8 • 7	8 • 8	8 • 9	8 • 10
9 • 1	9 • 2	9 • 3	9 • 4	9 • 5	9 • 6	9 • 7	9 • 8	9 • 9	9 • 10
10 • 1	10 • 2	10 • 3	10 • 4	10 • 5	10 • 6	10 • 7	10 • 8	10 • 9	10 • 10